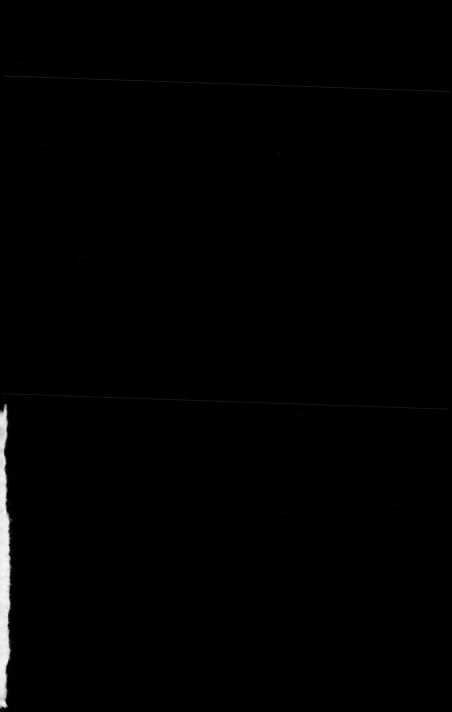

俺の株式投資術

著

坂本彰

投資カービィ

坂本慎太郎
（Bコミ）

さっかく

www9945

v-com2

たぱぞう

ゆず

AKI

すぽ

むらやん

N氏（Nobu）

KADOKAWA

● 本書は特に断りのない限り、2018年7月現在の情報を元に作成しています。本書刊行後、株式に関連する法律、制度が改正される可能性がありますので、あらかじめご了承ください。

● 本書は株式投資情報の提供を行っていますが、特定の銘柄の購入を推奨するもの、またその有用性を保証するものではありません。個々の金融機関のサービス、またはその金融商品の詳細については各金融機関にお問い合わせください。

● 株式投資には一定のリスクが伴います。売買によって生まれた収益・損益について、執筆者ならびに出版社は一切責任を負いません。株式投資は必ず、ご自身の責任と判断のもとで行うようお願い致します。

■はじめに

まずは本書をお手にとっていただき、まことにありがとうございます。

今これを読んでいるあなたは少なからず、株式投資に興味があるか、すでに投資を始めているのではないでしょうか。

すでに株式投資を始めている方の中には、どうしたらもっとうまく稼げるのかとスランプに陥っている方もいるのではないでしょうか。もしかすると、大きな損失を抱えてしまったという方もいるかもしれません。

残念ながら、お金を扱う以上、そのような悩みや失敗を回避することは難しいでしょう。また、1人で抱え込んでいても解決できるものではありません。

しかし、本書に登場する投資家の方々も無傷で勝ち上がってきたわけではありません。彼らも同様に失敗から立ち直り、今の地位を築き上げたのです。

もしあなたが今、ご自身の投資手法についてお悩みならばぜひ、この先も読み進めてほしいと思います。本書中に登場する投資家たちはどのようなやり方を用いて、利益を挙げてきたのか、また失敗を回避しているのか。

自分の投資の今後についてお悩みの皆様にはぜひ、本書を参考にして新しい道を探し出してほしいと思います。彼らの経験はきっとあなたの助けになるでしょう。

目次

PART 03

シナリオを立てて株式取引

坂本 慎太郎（Bコミ）さん

PART 04

さっかくさん

中長期投資で安定的に稼ぐ

PART 05

www9945さん

年収300万円からの大逆転

PART 06

チャンスは昇格期待株にあり

V-com2さん

PART 07

たぱぞうさん

アメリカETFで長期的に資産を築く

PART 08

ゆずさん

お小遣い稼ぎから専業投資家へ

PART 09

AKIさん

投資の判断は企業の「過去」にあり

PART 12

値動きには法則がある

N氏（Nobu）さん

PART **01**

割安株を拾えば、利益につながる

坂本彰

さん

· Personal Data ·

居住地	**滋賀県**
性別	**男性**
年齢	**40歳**
職業	**会社経営**
投資歴	**17年**
運用資産	**8800万円**

よりよい投資先を探して

私が株式投資に興味を持ったきっかけは、定期預金の金利が大幅に下がってしまったことでした。今から30年ほど前、銀行定期預金の金利はおよそ5～6％ほどでした。たとえば銀行に100万円預けていれば、1年後には黙っていても5～6万円ほどは勝手に増える見込みでした。ところが、高校生になったあたりで定期預金金利はだいたい2％台にまで下がってしまったのです。

しかし、それはまだよかったほうで、学校を卒業し、社会人になった頃にはすでに金利はどこの銀行も0％台でした。今は0・02％というところもありますが、100万円を預けても1年後には200円しかもらえません。これではもはや定期預金を契約するメリットなど、どこにもないでしょう。

そこで試しに当時勤めていた会社の株を買ってみたところ、うまいこと儲けになったのです。そのときの利益は1万円くらいでしたが、どうやら株は儲かるらしいと感じたのです。

加えて、当時会社勤めをしていた私の年収はあまりいいとはいえず、何とかしてお金を増やす手段を見つけなければと考えていたので、うまく儲けられた経験も相まって株式投資に本格的にチャレンジしていったのです。

これまで私は株式投資において、幾多の成功や失敗がありました。単純に儲けられた経験があるからかもしれませんが、投資はやはり「楽しい」ものだと思っています。今に至るまでずっと続けられているのは、そのおかげですね。

紆余曲折を経てたどり着いたバリュー株

私のスタイルの基本は、企業分析によるバリュー株投資です。もちろん、最初からこのスタイルを確立できていたわけではありませんでした。いくつかのステップを踏んで、ここへたどり着いたのです。

私も最初ははっきりいって何が何だかよく分からずに取引していた、というのが実際のところです。とりあえず自分の身近にある企業にのみ投資していました。そのときに、買うかどうかを判断していたのは完璧に「株価」だけでした。株価が上がるかどうかを予想するのに、株価を見ていたのです。正直な話、今から考えると典型的な「勝てない投資家」

が陥りがちなパターンにハマっていたな、というふうに思います。ただ、それでも当時まだ20代と私も若く、投資額も今に比べてかなり少額だったため、「気長に続けていけばどうにかなるだろう」と、なかなかのん気に構えていました。

転機が訪れたのは、2001年のアメリカ同時多発テロでした。これが契機となってアフガニスタン戦争、イラク戦争と続くわけですが、これらのテロ・戦争の影響により株価は大きく下がってしまいました。このあたりから私は、株式投資にはしっかりとした情報に基づいた戦略が必要だというように感じました。

私の主な情報源は『会社四季報』ですが、四季報を使った作戦と出会ったのもちょう

■ 情報はあらゆる種類のものを用意しよう

株価だけで判断するのはやめよう

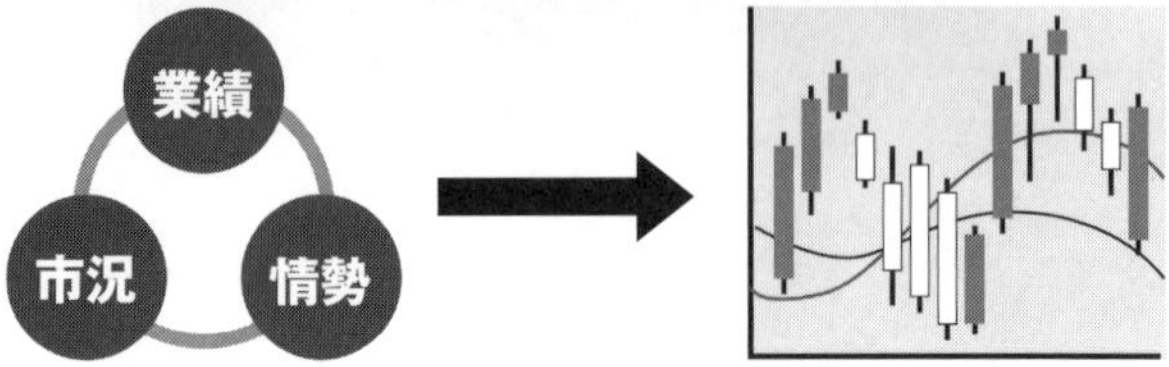

その会社の評価を決めるのは業績やそのときの状況。株価だけで会社を判断することはできない！

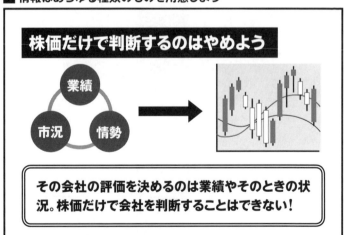

どこの頃でした。

2005年当時、私の資産は700万円ほどまで増えていました。この当時、私は多くの新興企業の銘柄を保有していました。しかし、2006年のライブドアショックにより、それらの銘柄は大幅な下落となってしまいました。この当時の私は、企業の業績はまったく気にせずに、株価の変動による利益ばかりを追いかけていました。よって、この市場下落の煽《あお》りをもろに被ることとなってしまったわけです。この当時保有していた新興銘柄は、このときにほとんど安値で投げ売りしてしまいました。

当時は年収があまりよくない貧乏サラリーマンだったこともあり、まさに目の前が真っ暗になった、というような状況でした。

■全財産を賭けるようなことをしてはならない

株を買うときに考えるべきポイント

- そのお金は失ってもよいレベルのお金か？
- 一攫千金を夢見るのもいいが、無一文になっては仕方ない。投資に回すのは生活に困らない程度の額にしよう
- 決算書はしっかり確認しよう
- 株価を作り上げる業績に関する情報が詰まったのが決算書だ。株価そのものの上下よりも、企業の情報を重要視しよう

1年間、必死に働いて切り詰めて生活した上で貯金できるお金が100万円程度というような経済状況でした。そのため、それ以上のお金をわずか2日間にして失ってしまったわけですから、このときのショックといえば、それはもう計り知れないものがありました。

そこで私は、『会社四季報』と決算短信という資料を使う投資法を考えついたのです。決算短信とは、企業の決算発表をまとめた資料です。よく使われる有価証券報告書は決算の3カ月以上後になってから発表されます。そこで決算結果などを少しでも早く知りたい投資家のために、企業は決算後1~2カ月で決算短信を発表します。決算短信は正式な発表ではありますが、推測に基づく部分もあるのでその点は注意しなくてはいけません。しかし早く手元に届く分、非常に有効な資料となります。

株価のみ、感情のみに頼る取引は非常に危ない橋を渡ることになると、私は身をもって実感したのです。リーマンショックあたりまではどうしても感情が先走ってしまい、刹那《せつな》的な判断で取引してしまったこともありますが、それもすべては今にたどり着くためだったのだと思っています。失敗も貴重な経験です。

必ず業績をチェックしよう

私の取引の基準は企業業績です。この点は今後も変わることのない、私の中の株式投資の軸となって機能していくでしょう。情報源としては主に、四季報、決算短信を用いていますが、ドコモのdマガジンを使うとさまざまな経済雑誌を読むことができるので、とても重宝しています。

企業を選ぶポイントとしては、そのニュースはその企業にとってどれほどのプラスになるのか、ということに尽きるのではないかと思います。今後の利益変動がどうなるかに着目してみると、ニュースを見る目が変わるのではないでしょうか。

買う際の判断基準としては、主にPER（株価収益率）を指標として用いています。PERとは株価÷1株当たり純利益で計算するもので、その企業がいかに株価に対して割安といえるのかを判断するものになります。PERが10倍以下であれば激安、20倍以下なら比較的割安か普通くらいであると判断しています。

基本的に私はバリュー株（割安株）をメインに狙っているのですが、2017年末に日経平均株価が2万3000円台まで上昇したこともあり、ここ最近では割安かつ、よい成

■PEGレシオ概略

PEGレシオとは?

その企業の中長期的な利益成長率を検討して株価の水準を測るための指標

予想株価収益率(PER)を1株当たりの予想利益成長率で割ることで求められる

計算式

$$\mathrm{PEG} = \frac{\text{予想株価収益率}}{\text{1株当たり予想利益成長率}}$$

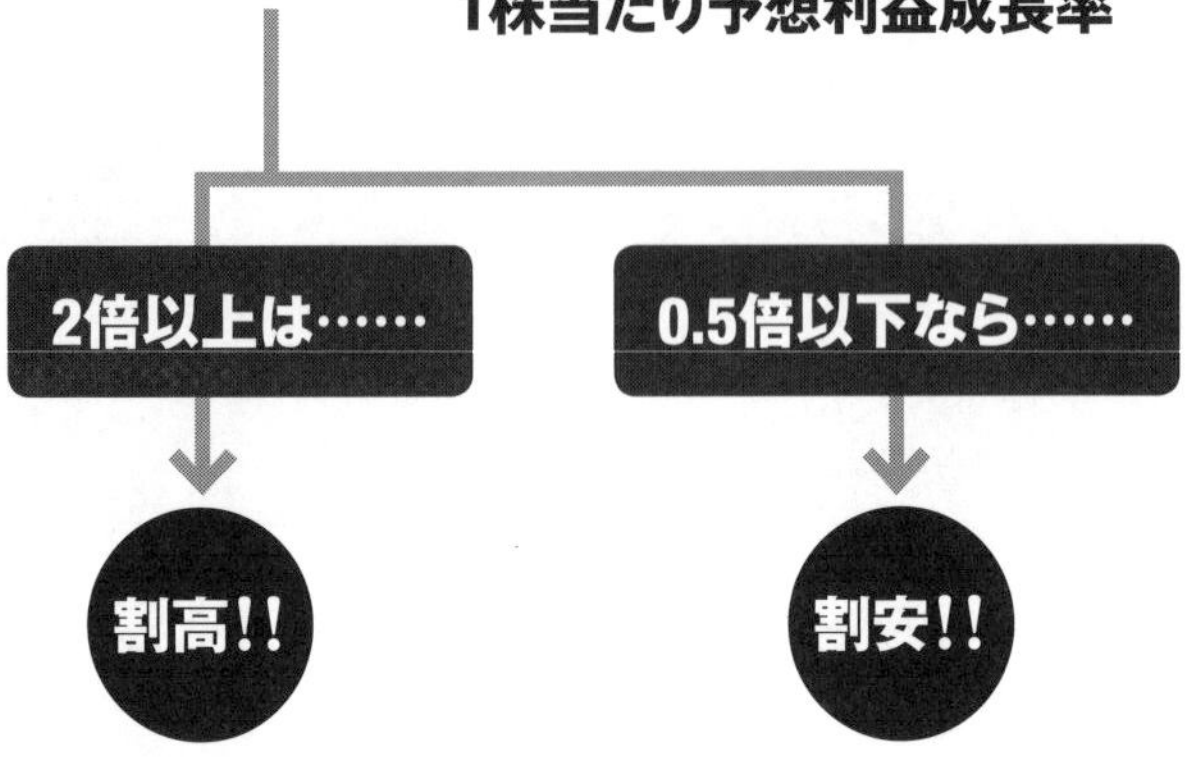

PERが全体的に割高な今、PEGレシオはPERに代わる新たな指標として活用することができるだろう。

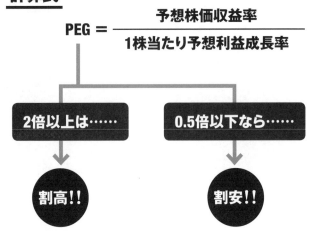

長率の企業が見つかりにくくなったな、と感じているのが正直なところです。ＰＥＲが一昔前に比べて、全体的に高くなっているのが近年の市場の特徴です。

そこで新しく取り入れた基準が「ＰＥＧレシオ」です。日本においては馴染《なじ》みの薄い言葉かもしれませんが、海外の投資家の間では、日本におけるＰＥＲやＰＢＲ（株価純資産倍率）と同様にとても重要視されている指標です。

ＰＥＧレシオというのはPrice Earnings Growth Ratioの略で、これもその銘柄が割安かどうかを判断するための指標のひとつです。定訳はありませんが、強いていえば、「成長率利益」とでもいうべきものでしょうか。ＰＥＧレシオは予想株価収益率を予想利益成長率で割り、０・５以下であれば割安、２以上ならば割高と判断できます。

日本では、高成長の企業はなかなか見つからないのが現状で、これからも低成長が続く状況はしばらく続くでしょう。そんな中で、ＰＥＧレシオはＰＥＲが高い企業が並ぶ中でも、割安銘柄を探し出せる有効な作戦です。

たとえば、ＰＥＲが20倍の企業があったとしましょう。これだけを見ると一見、割安でも何でもない銘柄に思えます。ですが、銘柄を選ぶ上で重要なのは、これからも成長が期待できるかどうかということになります。今、いくら高ＰＥＲでもそこからさらに成長してくれるのであれば、それは割安株だということができるからです。ＰＥＧレシオを見ると、それが分かるのです。

あらゆるニュースが株価につながっている

売却するタイミングは非常に難しいのです。利益が確定する瞬間の判断というのは、とても悩むものと思っています。いくら材料を集めて予想を立てたとしても、それと真逆に動いてしまうことがよくあるのが、株式投資の世界だからです。

注目すべきポイントとしては、ありきたりではありますが、その企業にとって何らかの好材料となり得るニュースが発表されたときでしょうか。その意味でも、やはり日頃からニュースにはしっかりと目を通しておくべきだと思います。

もうひとつのポイントとしては、株式分割は利益確定を確信できる数少ないポイントのひとつだと思います。株の流通量も増えますし、細分化されたことで、今まで手が出せなかった投資家も、その銘柄に目を向けるようになる可能性があるからです。

ただ、株式分割を何度も繰り返すようであれば、それは要注意です。その企業は株価を上昇させたいがために、それを狙って分割を繰り返している可能性があります。株式分割して株価は上がったけれど、業績は上がらない……。そうこうしているうちにまた株式分割、というような企業は、誠実さに欠けるという点で、手を引くべきであると考えます。

売却のタイミングは、損切りという観点からも考えなくてはいけません。私の場合、長期保有が基本的なスタンスですから、一度保有した銘柄については、最低でも半年は絶対に持ち続けるということを、念頭に置くようにしています。ただし、儲からない銘柄をいつまでも保有し続けるわけにはいきませんので、一応のルールは設定してあります。

ひとつは2期連続で減益した場合です。これは主に、成長株や売買利益の伸びを期待して購入した銘柄についてです。1期だけの減益ならまだしも、2期目までそれとなると保有する気力も失《う》せてきますし、来期もどうなるか分かったものではありません。それ以上は下がらないうちに、早めに売ってそれを元手に、そのときに期待できそうな企業を探すほうが吉といえるのではないでしょうか。もし、売却したその銘柄がいつかまた期待できそうだったなら、そのときにまた買い直せばいいのです。

ふたつ目のポイントは2期連続での減配発表です。こちらは配当金目当てに購入した銘柄について適応しているルールです。〝打ち出の小槌《こづち》〟を買ったはずなのに振っても振ってもお金が出てこないのならば、持っていても仕方がないです。そうなったらもうその時点で損切りするしかありません。

私が損切りに関して設定しているルールはこのようにシンプルですが、共通するポイントとしては、早急すぎる判断は避けることです。もし、これがデイトレードであればその限りではありませんが、「急《せ》いては事を仕損じる」といいます。予想外の動きになってしまったにしても、少しだけ落ち着いてから判断されることをおすすめします。一時的に株価が下がったとしても、業績がしっかりした会社であれば持ち直す可能性が高いのです。株価だけを見て慌てて売ってしまうというのは、最も避けるべき行動といえるでしょう。私も株価だけを見て判断するということはしません。

無理をせずにコツコツ続ける

さて、これからの株式市場ですが、2018年については順調に株価は上昇していくのではないかと予想しています。なぜならば日本企業はここ最近、力をつけ始めているからというのがその理由の大きな部分を占めています。

日本企業の稼ぐ力を数値化した指標があります。「日経平均EPS」と呼ばれるものです。EPS（1株当たりの当期純利益）の名前が指し示す通り、1株当たり利益の指標ですが、これは上場企業全体の1株当たり利益を示す数値なのです。

２０１２年、アベノミクス開始前にこの日経平均ＥＰＳは７００円程度でした。しかし、それから5年後の２０１７年、日経平均ＥＰＳは１４００円台を突破したのです。日経平均ＥＰＳと日経平均株価の推移を比較すると、日経平均株価は日経平均ＥＰＳの12～16倍になるのです。実際、２０１２年の日経平均株価はだいたい1万円に満たなかったのですが、２０１７年には2万円を超えています。

直近の日経平均ＥＰＳは２０１８年7月18日時点で１６９０・９６円でしたが、倍率としては13倍程度と割安であると考えることができます。つまり、日本市場にはまだまだ伸びしろがあるということなのです。

あくまで私の予測ですが、早ければ２０１８年の秋、遅くとも年末には日経平均株価は2万４５００円から2万６０００円台となるのではないかと考えています。恐らく、安倍首相の続投から、アベノミクスが継続されると読んだ外国人投資家からの買い入れが、多く起こるのではないでしょうか。

私は個人的に、「内需成長株」というものに注目しています。「内需株」というと読んで字のごとくですが、事業基盤が国内にある企業のことです。主に鉄道や電気、金融株などを指すことが多いです。ただし、これらの銘柄に成長を期待することは難しく、株価も大きくは変動しません。

　よって、私は内需株かつ、成長性を期待できる、たとえばネット関連、通信関連などの内需成長株を狙っているのです。アメリカの景気や為替変動に影響を受ける可能性が低いため、これらの株は安定しています。

　これをお読みの皆さんがどんな投資をされているかは分かりません。ですが、どのようなスタイルで行くにせよ、景気にはサイクルがあるということを常に頭の片隅に置いておいてほしいと思います。

　景気に変化が起きると、今までの自分の作戦やパターンが急に通用しなくなるということが往々にして発生します。これに引っかかって退場となってしまう投資家は非

■ポイントは成長しているか

内需株の例

鉄道、生活インフラ、金融

安定した産業であるため成長が期待できない！

内需成長株の例

ネット事業、通信産業、外食産業

需要が伸びる産業は内需でも成長が見込める！

常に多いのです。

何か少しでも変化を感じたら、無理な売買をしないことが大事です。チャンスが目の前にあると思って勝ちを拾いに行くと、結果的に重大な結果を招いてしまうこともあるのです。一度、場を離れて休憩することも、投資家の大事な仕事のうちのひとつだといえます。

投資は今後数十年、ひょっとすると一生付き合っていくことになるかもしれない存在です。そのためには、チャンス、転換期を感じ取るセンスや、ときには休む勇気も大事な武器になってくるでしょう。

坂本彰さんの運用のポイント

POINT 1

バリュー株投資が最も効率がいい

決算短信は有価証券報告書よりも早く開示されます。予測も含まれますが、うまく利用すれば強力な武器となるでしょう。

POINT 2

PEGレシオを有効活用

一昔前に比べてPERが上昇傾向にある今、PEGレシオを用いることで割安株を探しやすくなるでしょう。

POINT 3

ニュースは常に注目

利益確定の瞬間というのは、やはりその企業に対して好材料のニュースが出たときが定番です。その瞬間を見逃さないようにしましょう。

PART **02**

新興企業だけが成長株ではない

投資カービィ

さん

· Personal Data ·

居住地	**非公開**
性別	**男性**
年齢	**40代**
職業	**兼業投資家**
投資歴	**18年**
運用資産	**非公開**

ITバブルに乗じて投資を始めた

２０００年前後、日本はＩＴバブルに沸いていました。ソフトバンクや光通信株、ヤフーなどがまさにそうでした。この当時、新聞の株式欄にある、サービス業の項目を見るとソフトバンク、トランスコスモスなどの株が連日ストップ高になっていました。

私はその当時、23歳の学生で、投資の勉強はしたことがなかったのですが、もしかして今の市況はいいチャンスなのでは？　と思い、試しに株を買ってみることにしたのです。

当時、私は４５０万円の貯金がありました。バイトで稼いだお金やお小遣いなどが意外に貯まっていたので、これを元手にしました。結論からいうと、最初の投資はよく分からないうちにボコボコにやられた、という印象でした。実際、よく分からずにやってみた部分も大きかったので、当たり前かもしれません。大損してほぼすべてのお金を失ったのは一瞬のことでした。

結局、そのときは退場して1年ほど貯金してから再びの参戦という形になりました。投資で生き残るには自分の考えを持つことが大事なのだと思います。

私も、これまでの経験から、自分なりの考えを持ちました。常に努力を続けられるかどうか、が投資で生き残れるか否かにかかっているのではないでしょうか。今に至るまで、投資はひとつのライフワークであると考えています。

3つの柱を立てる投資作戦

私は主にアメリカ株への投資を中心に、3つの柱で投資活動を行っています。具体的には、

・アメリカ株
・優待株
・REIT

というのが、私の3つの柱です。REITというのはReal Estate Investment Trustといって、日本語では不動産投資信託と呼ばれます。これは何かというと、複数の投資家から集めた資金でオフィスビルやマンションなどの不動産を購入し、それらからの賃貸収入

や売買益などを、投資してくれた投資家たちに分配するという金融商品です。

これは収入を安定させるために行っているもので、私の投資の土台になっている部分といえるものです。売買だけの利益では、稼げるうちはよいのですが、いざ負けが増えてきたときにどうしても不安が残ります。致命的なダメージを負わないためにも、安心できる土台を作っておく必要があります。それに、ＲＥＩＴで儲けた金額のうち、余った銘柄をキャピタルゲイン（売買差益）狙いの銘柄に回す、ということもできます。収入を一本だけにしないというのは、このように重要な効果を持っているのです。

優待株に関しては実のところ、あまり利益を期待して投資しているものではありません。私は優待株を買うときには「自分が応援したいと思える企業」に投資するようにしています。これは日常的によく使う製品や、サービスを提供してくれている企業が当てはまります。たとえば、ファストフードを運営する企業であったり、女性であれば化粧品メーカーなども当てはまるでしょう。誰しも、お気に入りの企業には頑張ってもらいたいと思いますし、日頃から馴染みのある企業の優待であれば、結果的に節約にもつながるでしょう。

ゆえに私は、優待株を買うときには利益などはまったく気にしません。私と同じ考えのもとで優待銘柄に投資するのであれば、優待に魅力があり、会社を強く応援したいと感じたときに買ってもよいのではないでしょうか。

最後にアメリカ株ですが、私はアメリカ株の中でも成長株に特化した投資を行っています。冒頭で書いたように、投資を始めた当初は日本株でしたし、これまでも何度か、日本株への投資を考えたこともありますが、デメリットが多く断念しています。

日本株は急激に上がって急激に下がる、というような動きが特徴です。結果的に、リサーチを重ねてよい銘柄を探し当てても乗り遅れてしまう、ということがしばしば発生します。日本株へ投資する場合、アメリカ株に比べて、かなり素早い動きを要求されるといってもよいでしょう。

これに対してアメリカ株は、日本株よりも素直な動きをしてくれます。動くタイミングとしては決算です。Appleや Amazonといった巨大企業でも、決算がよければ株価は上がり、悪ければ下がります。日本の新興株のように決算を先に織り込みすぎた動きはあまりしないため、決算以外の期間に急激に動くことは日本株に比べて少ないです。

予測がつかない動きをする日本株に疲れてしまったというのが実際のところです。市場が成長している上に、株価の動きも読みやすいですから、これらの点を考慮するとアメリカ株は非常に魅力的なのではないでしょうか。

私の資産の内訳はアメリカ株がおよそ7割強を占めています。アメリカ株は主に成長株をメインに投資していますから、当たれば大きいのですが、失敗したときも同様に大きな

■3つの商品を組み合わせた投資法

私の投資方法のイメージ

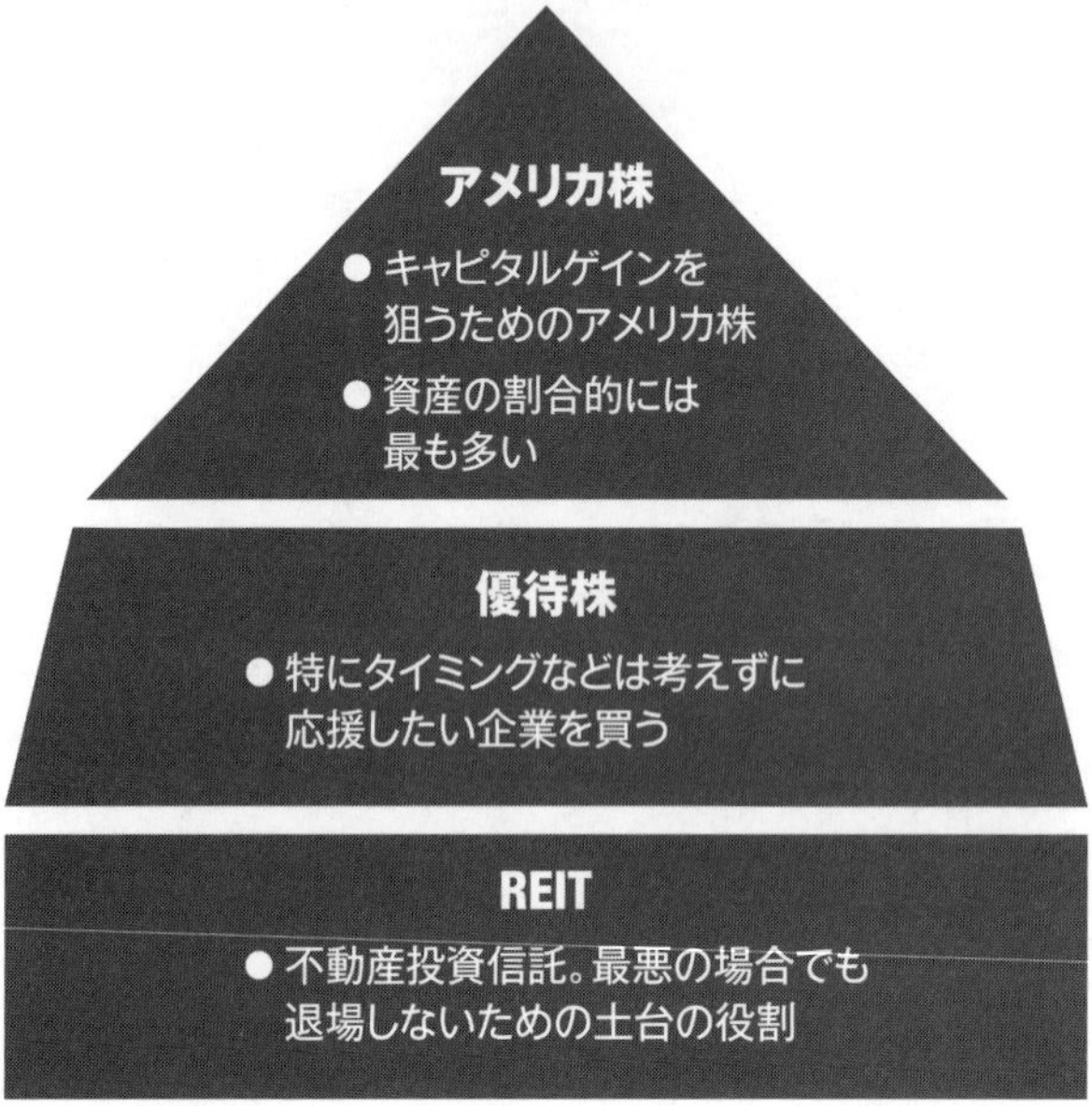
アメリカ株
● キャピタルゲインを狙うためのアメリカ株
● 資産の割合的には最も多い
優待株
● 特にタイミングなどは考えずに応援したい企業を買う
REIT
● 不動産投資信託。最悪の場合でも退場しないための土台の役割

REITで土台を形成、アメリカ株でガンガン稼ぎ、ちょっとしたおまけに優待株を持つ。こうすることで、退場しにくく勝ちやすい投資手法をとることができる。

損失を被ってしまいます。そのため、保険という意味も含めてのREIT、応援したい企業への投資という3つが私の作戦です。

銘柄は「話題の企業から」

外国株というと手を出しにくいイメージを持たれている方もいるのでしょうか。銘柄を探しにくいとか、外国というだけで何となく怖いという印象を持つ方もいるかもしれません。ですが、そんなことは一切ありません。

アメリカ市場で成長株を探すポイントは、企業の「ギャップ」を見つけられるかにかかっているでしょう。私がここ最近投資した中でうまく利益が挙がったものとしてはNVIDIAがあります。この会社はパソコンの画面を描写するための「グラフィックチップ」やスマートフォン、タブレット向けのチップセットを開発しているメーカーです。

こう聞くと、どうも馴染みがないという方も多いのではないでしょうか。私も、どちらかというとコンピューター好きが注目しそうな銘柄程度にしか思っていませんでした。しかし、実際にはNVIDIAは、単なるグラフィックボードのメーカーではなく、AI（人工知能）、ディープラーニング（深層学習）や、自動車分野での自動運転技術の開発にも取り組んでいる企業だったのです。

つまりは、NVIDIAが実際に行っていることと、投資家や世間一般が持つその企業に対する認識にギャップがあったのです。実際、私が見つけた当時と比べ、順調に株価が伸びていってくれています。

これらの企業はどのように見つけてくるのかというと、他人が話題にしているところから探してくるのです。たとえば、アメリカ株市場を牽引する存在として「ＦＡＮＧ」と呼ばれる企業があります。これらはそれぞれ、Facebook、Amazon、Netflix、Googleの頭文字をつなげたものです。このようにして持て囃《はや》される企業にはそれなりの理由があるのです。他にも、「ＭＡＮＴ」というと、Microsoft、Apple、NVIDIA、Teslaですね。

これらの企業はアメリカ株市場では注目の的です。当然ながら、注目される以上、それに足る理由があるのです。まずはそれらを分析しましょう。その企業はどのような分野に強みを持ち、投資家たちの支持を得ているのか。その企業の強みが分かったら、その企業の将来性を検討してみましょう。まだまだ伸びそうか、他にもNVIDIAのように隠れた強みを持っていないかなどです。

企業のことをしっかり理解しよう

こうした分析を重ねた上で、自分の資産と相談して買えそうだったら、買ってみてもよいのではないでしょうか。買う際のタイミングとしては私は、Fear&Greedという指数をひとつの参考としています。これは、市場動向や景気などを基に投資家の行動を数値に表したものです。アメリカの放送局であるCNNが推計しているもので、0~100の数値で示されます。50を下回ると恐怖（Fear）な状態、つまり投資家たちは及び腰で市場が停滞している状態であり、逆に50を上回っていれば欲望（Greed）で取引が活発に行われているということです。

投資家の行動原理は恐怖と欲望に分類されるのです。恐怖を感じた投資家は投げ売りしますし、貪欲に動いている投資家は高値でもどんどん買いを入れます。市場がFearになっていると判断されているときは、購入のチャンスにもなります。

『四季報』やネットで検索して、あまり知られていない企業を発掘してくる、というのもひとつの手ではありますが、私は基本的に前述の通り、話題の企業から投資候補を選ぶというやり方をしています。過去には、隠れた企業の発掘もチャレンジしてみたことがあるのですが、結局、本当に上がるのかがどうも信じきれずに売ってしまったことがあり、それ以降は企業の発掘はやめてしまいました。

銘柄を保有し続けることは、その企業のことを分かってあげなければいけません。どんな経営者がかじを取っていて、どんな事業を展開していく予定なのか。多少、株価が下がっても「何とかしてくれる」と信じて持ち続けられるだけの根拠が必要です。ZOZOTOWNを運営するZOZOは、短期的に株価が急落することがよくありますが、それでも持ち続ける人はずっと持ち続けているのです。それは、ZOZOのビジネスモデルがよく分かっているから、ということにほかなりません。

■ 投資先の企業のことはしっかり把握しておこう

投資する以上、今後どうなる企業なのかを把握しておくことは必須。
本当に自分のお金を投じてもよいのか、しっかり検討しておこう。

また、成長株というと、新興企業をイメージしやすいかもしれませんが、そんなこともありません。日本株では大型企業は成長が鈍化していることも多いですが、アメリカではApple、Amazonといった企業も業績に応じてちゃんと株価が上がるので、日本株よりも安定感があります。

ちなみに、大前提として投資するかどうかの判断としては、株価が右肩上がりになっているということがあります。月足《つきあし》で順調に右肩上がりの銘柄以外は、どれだけの強みや有能な経営者に牽引されている企業でも、私は選びません。

話題になっている銘柄を探し、株価が右肩上がりだったら、まずは数カ月の間、株価の動きを観察しつつ、その企業のギャップや強みを探します。そして、自分の中でその企業の成長ストーリーを描くことができれば、ようやく買うステップに移っていいます。

3つに分けられる売りのポイント

売り時の判断というのは、かなり難しいと思います。おそらく大多数の人が買い時よりも悩む瞬間ではないでしょうか。私は買うときはかなりの時間をかけますが、売るときはスパッと売ります。私としては、3つの基準点を設けてそれを基に売り時かどうかを判断するようにしています。

・決算時に評価が高いのに株価が下がったとき
・業績が最高潮なのに株価が下落しているとき
・決算が期待外れだったとき

ひとつ目の基準点は、決算時に、次の四半期のガイダンスが市場予想を上回っているにもかかわらず、株価が下落している場合。こうなった場合、私はその銘柄は売ります。決算のときに売上や利益、その後の利益の予想のすべてが市場の予想を上回っているのであれば通常、株価は上がるはずなのです。それにもかかわらず、株価が下がっているのは異常事態です。

株価は先見性があります。株価が下がると業績が下がるというパターンがよく見られます。これは今後、その会社はどんどん低迷していくかもしれないというサインと見てもよいでしょう。

それに、株価下落の原因を探ろうとしても、多くの場合は理由が分かりません。分析す

■損切りのチャンスは決算期

3つの売るべきタイミング

評価の高さのわりに株価が下がる

- 評価が高いのであれば本来、株価は上がるはず
- この動きを見せた企業はたいてい、業績が落ち込んでしまう

業績は高いのに株価が下がる

- 常に高値を更新し続けるような銘柄が理想の成長株といえます
- 動きが鈍ったのなら、成長株ではなくなった兆しかもしれません

決算が予想より下なとき

- 成長株に限らず、売るべきタイミングと考えるべきです
- 2四半期連続で予想を下回ったら、会社として終わりである可能性があります

すべてのタイミングは決算から計ることができる。少しでも不穏な動きを見せた企業には要注意、警戒しておこう。

るだけ無駄なので、こうなった場合、仮に損切りになったとしても売りに出してしまいます。これはめったに起こることではないのですが、起こるときは起こりますから、注意しておくべきポイントです。

ふたつ目の基準点は、業績が最高潮に上がっているにもかかわらず、少しずつ株価が下落しているときです。成長株の理想というのは、常に上場来高値《じょうじょうらい》をとってくるような銘柄なのです。

もし、その銘柄が上場来高値からだいぶ離れていて、しかもそのレベルまで戻ってこないとしたら、それはもう乗り換え時期なのではないかな、という判断を下します。場合にもよりますが、このような状況に陥った銘柄は、成長鈍化が原因のひとつとして考えられます。もはや成長株とは呼べませんね。概《おおむ》ね13~15%以上、上場来高値から下がっているようであれば、持ちなおすのは厳しいように思えます。このような場合はいったん売って、再び上昇の兆しが見えてきたのなら再度購入するのもよいでしょう。

最後の基準点は、決算が最悪に期待外れだったときです。理想の状況は売上、利益、次の業績予想の3つがパーフェクトなときです。これが、よい決算です。しかし、これらのうち、どれかひとつでも予想より悪かった場合は、売る可能性があります。そうした、どれかひとつでも市場予想を下回った決算が2四半期連続で来た場合は、危険信号だと思っています。こうなったときは私はすぐ売ります。

期待外れな決算も1度目ならばあまり厳しくは見られませんが、2度も続いてしまうと、投資家たちは、成長鈍化とみなすでしょう。なので、1期目は大目に見るとして、2期目がどうなのかでその企業を判断するとよいでしょう。

企業分析は絶対にしよう！

これから先の相場は緩やかな上昇を見せていくのではないでしょうか。特に、2018年はアメリカの中間選挙の年です。中間選挙の年は例年、安値をつけるのですが、今年はすでに2月、4月の段階でかなりの安値をつけています。今後はそのレベルまで下がることはなく、上振れになるのではないかと見ています。

私は、どちらかというと相場全体よりも投資している銘柄の動きに注視します。相場全体と銘柄の動きは必ずしも連動しませんし、鉄鋼メーカーや化学業界など、景気や季節に応じて何らかの変化を起こしやすい循環株に比べると、自分で成長できる成長株は継続的に上昇する可能性が高いといえるでしょう。

もし、私と同じようなスタイルで株式投資をするのならば、相場全体よりも個別銘柄の動きを見たほうがよいのではないでしょうか。その際、企業分析は怠るべきではありません。前述しましたが、その企業のことを分からない限り、その企業を信じることもできませんから、保有し続けることは難しいでしょう。

私の投資法は、アメリカ企業の強みやギャップを見つけ出すことにかかっています。米国株取引は、素直な動きをなかなかしてくれない日本の新興株を売買するよりはリスクが少ないように感じています。

どんな投資法をとるにしても、常に努力を怠らないようにしましょう。常に勉強することが大事です。奢《おご》りを見せた瞬間にやられてしまうかもしれません。大損した場合は、特に資産が大きくなれば大きくなるほど、あなたが被るダメージは大きくなります。持つ資産が大きければ大きいほど、リスクに対しての警戒心を強めるべきでしょう。

退場しないことが何にも増して、重要なことです。どれだけ遠回りだったにしても、道はどこかにつながっています。一気に儲けようとしても失敗するのは目に見えています。儲かるには時間がかかるんだ、ということを念頭に置いて気長に続けていくことが、いちばんの近道ではないでしょうか。

投資カービィさんの運用のポイント

POINT 1

アメリカ株+優待株+REIT

退場しないための土台をREITと優待株で作り、アメリカ株で稼ぐという形で、退場しないためのスタイルを作っています。

POINT 2

話題の企業を調べよう

どんな有名な企業だって成長の余地は必ずあります。まずは人が話題にしている企業がどんなものかを調べてみましょう。

POINT 3

基本からそれた動きは要注意

決算がいいのに、評価が高いのに株価が下がる……。そんな企業は何らかの問題を抱えています。そうなったら即刻損切りしましょう。

用語解説

MANT まんと

先端技術で世界をリードしているアメリカ企業の4社の総称。読みはそのまま「マント」。内訳はMicrosoft、Apple、NVIDIA、そしてTeslaの4社。ここ最近、アメリカの株式市場で使われ出した用語で、一般的にはあまりいわれない。本文中にも登場した「FANG」を含めて、アメリカ市場ではこれらの銘柄が下がり始めると、景気が悪化するのではないかといわれている。アメリカ市場で取引するなら注目しておくべき銘柄たちだ。

中間選挙 ちゅうかんせんきょ

アメリカで行われる選挙の一種。英語では「midterm election」。大統領選挙がない年に行われる、上院、下院の両院議員、および州知事などの選挙がこれに当たる。アメリカ大統領の4年の任期に対して、上院議員は6年、下院議員は2年で、大統領選挙の年には重ならない仕組みが構築されている。なお、アメリカ連邦法で中間選挙は11月の第1月曜日を含む週の火曜日と制定されている。

PART 03

シナリオを立てて株式取引

坂本 慎太郎（Bコミ）

さん

· Personal Data ·

居住地	東京都
性別	男性
年齢	30代
職業	兼業投資家
投資歴	20年
運用資産	1.5億円超

個人投資家からプロへ、そして再び個人投資家に

私が本格的に株式投資を始めたのは、大学生の頃でした。ただ、株式投資というか金融関係それ自体に興味を持ったのはもっとずっと小さな頃で、小学生か幼稚園くらいだったかと思います。当時から公文式に通っていたため、漢字が多少なりとも読めたので、私は幼いながらも新聞をよく読んでいた子供でした。

ただ、あまり漢字ばかりだとよく分かりませんから、主に読んでいたのは数字が多かった経済面でした。思えば、株や金融商品などへの興味は、この頃の体験に端を発しているのだろうと思います。

それから中学、高校と時は流れますが、このときはあまり株には触れず、大学生のときにようやく投資家としてのデビューを果たしました。大学を卒業後、一般企業に就職したのですが、仕事にそこまでの面白みを見いだせず退社。そのとき偶然、証券会社がディーラーを募集しているのを発見したのです。応募してみるとこれがすんなり採用だったため、私は個人投資家からプロのディーラーへと転身しました。

以来10年以上、投資の世界に身を置いています。最近では人に株式取引を教えたり、評

論家のような仕事までいただくようになりました。そんな私の信念は、株式取引は楽しんでやるものである、ということです。

ちなみに、私が最初に株についての知識を身につけた方法はゲームでした。ファミコンのゲームソフトで、株についてとても分かりやすく説明しているソフトだったのです。株は楽しんでやるもの、という感覚が身についたのは、私がゲームからこの世界に入ったからなのかもしれません。

シナリオを立てて投資する

基本的に私の投資の手法は、チャートを見て判断するような類のものではありません。移動平均線程度は多少、確認していますが、株価を動かすのは当然ながらその企業の業績です。とすれば、その会社、業界のことを予測しなくては、株価を予測するということは困難なものとなるでしょう。よって、私はチャートから得られる情報ではなく、それぞれの会社の業績を判断して、取引を進めています。

私の戦略は「シナリオ」を考えることで成り立っています。シナリオは3つの異なった展開で構成します。市場がどのように転んでも対応できるようにするためです。

まずひとつ目のシナリオは「メインシナリオ」です。これはすべてのシナリオの核となるものです。その会社の業界や日本経済、世界情勢などを総合的に判断して、○○業界はこう動くだろう、という判断を下します。感覚としては、このメインシナリオが70～80％くらいの確率で起きるだろうという予測を持ちます。

そして、それに付随する形で「楽観シナリオ」を検討します。これは名前のごとく、メインシナリオでの予測よりも、もっとよい状況になった場合のシナリオです。基本的に、株価が上がっていることが多いですから、このときに売ると利益を挙げやすいでしょう。近年の例でいうと、電子コミック業界が挙げられます。紙の漫画を追い越し、電子コミックのビジネスが拡大してきたことにより、それらを提供する企業に追い風が吹いています。もし、このまま需要と供給のバランスがうまくいっていれば、利益の出るセクターになるかもしれません。

この次に検討するのが、「悲観シナリオ」です。あくまでたとえですが、「どこかの大統領が暗殺された」だとか、「北朝鮮がどこかの国に向けてミサイルを撃った」などという事象が起きると、世界的に市場は下落するでしょう。先ほどの電子マンガですが、私が目をつけていた企業はパピレスというところでした。楽観シナリオとしては前述の通りなので

■3つのシナリオに基づいた戦略

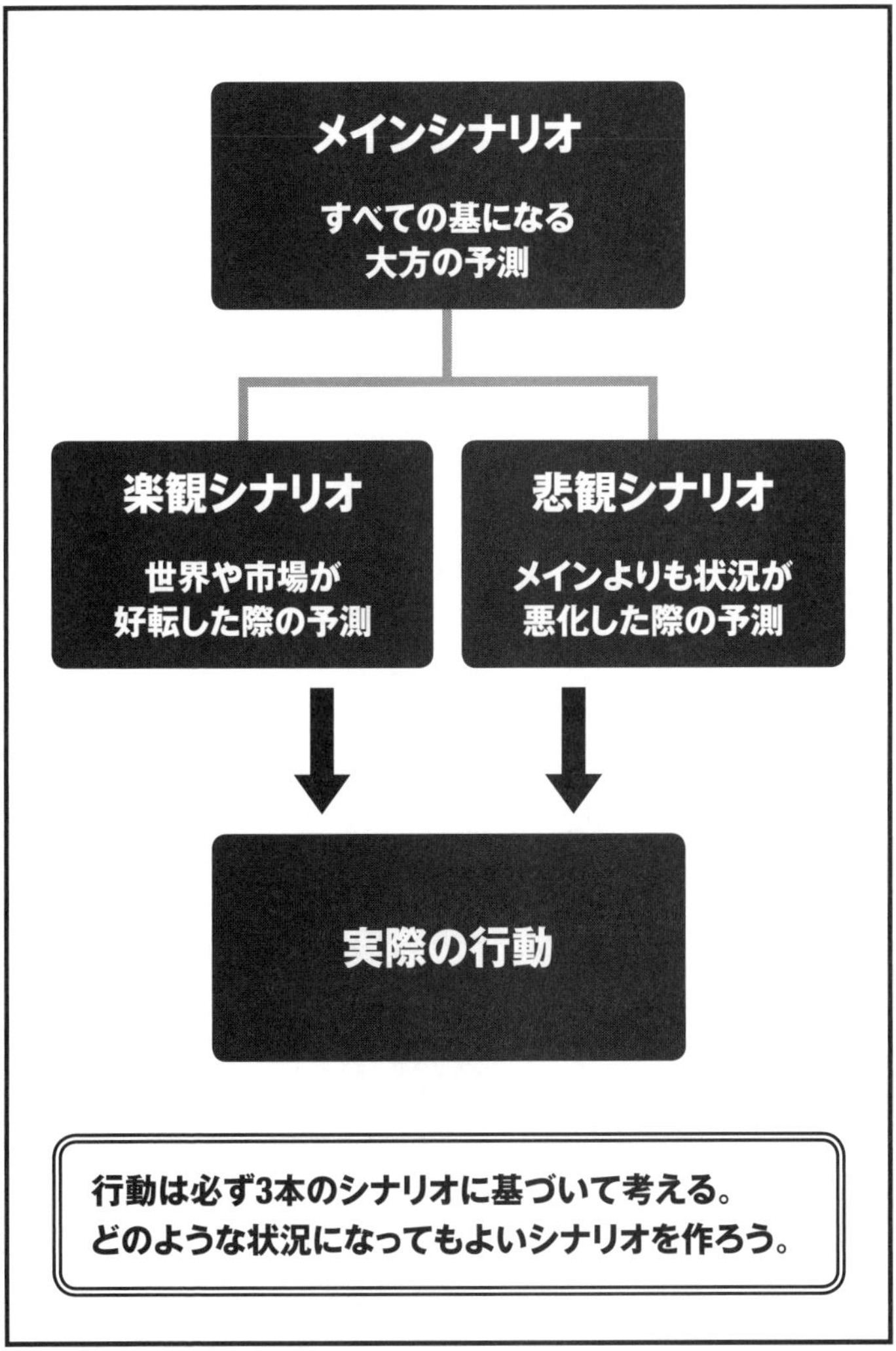

すが、悲観シナリオは広告費のかけすぎによる利益の圧迫や無料で読める違法アップロードの問題でした。

実は結果としては、悲観シナリオのほうに動いてしまったのです。案の定、広告費の圧迫と漫画村の台頭により利益が伸びなかったのです。ただ、漫画村の閉鎖により、売上の伸びを期待してはいます。結果はいずれ分かるでしょう。

自分で考えることが面白さ

当然ながら、株価が上がり続けることはないわけですし、上がることばかり考えていては勝てないでしょう。むしろ、下がったときにどうするかのほうが重要なのです。稼ぐことも重要ですが、それ以上に、損失を出さないように気を配らなくてはなりません。常に最悪のシナリオを考えていなくては、実際にそんな場面に遭遇したとき、どうしたらいいか分からなくなってしまうでしょう。

そのため私は、ひとつの銘柄に対して、こう動くだろう、と予測を立てた後に「好転した場合」「悪化した場合」の2つの予想を組み合わせていつも取引しています。このような予測のもとで取引をすれば、損失を出す確率は下がります。必然的に資産も増えやすくなるのではないでしょうか。

手順としては、世界で何が起きて、どうなるのかという予測を立ててから、それが株価にどう影響してくるのかを考えるとよいです。私もかつて証券会社のディーラーやファンドマネージャーだったのでよく分かるのですが、これは機関投資家がよく使う手法です。個人投資家からすると、非常に面倒なことをやっているように思えるかもしれません。しかし、これがプロのやり方です。予測というのは、経験がないとなかなか難しいかもしれません。そこに関しては、もうとにかく慣れていくしかないでしょう。

近年、というよりも昔からなのかもしれませんが、株式投資を始める人は手っ取り早く儲けたいだけ、といった類の人が多いように思えます。今はツイッターやブログが浸透していますから、どこかの誰かが「〇〇という銘柄は儲かるよ」などという情報を出そうものなら、前述のさっさと儲けたい投資家たちが、あっさりとそれに食らいついていくのです。

いわゆる「イナゴ投資家」というものですが、それでは自分の力で儲けたことにはなりませんよね。というよりも、損失を出す人のほうが多いのではないでしょうか。そんなつまらないことで退場してしまっては、株式投資の世界の「か」の字も味わえないでしょう。

小説を書こうとして、プロットを組み立てているときが楽しいように、車を買い替えるときに、どれにしようかとカタログを突き合わせて選んでいるのが楽しいように、株式投資も、どの銘柄に投資しようかと選んでいるときが最も楽しいのではないでしょうか。

これはあくまで私の持論ですから、「稼げた瞬間がいちばん楽しいだろ」といわれてしまってはそれまでなのですが、その稼ぐ瞬間にたどり着くには、やはり、自分なりの投資の力を身につけなくてはいけないでしょう。

銘柄は200個選ぼう

銘柄を選ぶときに注目すべきなのは、チャートが示す指標などではありません。前述しましたが、株価を動かすのはその企業の業績なのです。チャートだけで判断すると、「イナゴ投資家」が群がった銘柄に騙されてしまうかもしれません。チャートというのは、あくまで過去の出来事です。それを未来の利益につなげるのは難しいでしょう。他の投資家の中には、株はテクニカルを見れば分かる、と断言される方もいらっしゃいますが、結局のところ、株価は業績で動くのです。

私の銘柄の選び方ですが、まずは200銘柄にまで絞ります。いきなり200銘柄といわれると、ちょっと、やる気が失せてしまうでしょうか。しかし、この200銘柄のリストを作っておくと、稼げる率がグッと高まるといっても過言ではありません。

具体的な絞り方についてお話ししましょう。選ぶべきはもちろん、株価が上がりそうな銘柄です。5銘柄前後のユニットをたくさん作ります。

例えば、

・業種ごと
・黒字転換銘柄
・業績好調銘柄

などです。業種ごとであれば、たとえば鉄鋼メーカーごと、家電メーカーごとというように分けておくとよいでしょう。これを地道に繰り返し、200銘柄を揃えてみてください。

やはり面倒でしょうか？　たしかに、東証の銘柄は全部で3600種以上もありますから、それをいちいちすべて見ていくわけにもいきません。とすれば、業界を絞り込んでみると作業が行いやすくなるのではないでしょうか。

ご自身が働いている、もしくは働いていた業界の銘柄などに注目してみてはいかがでしょうか。それだけでもグッと絞りやすくなるはずです。このやり方に慣れてきたら慣れ親しんだ業界から離れて、その他のいろいろな業界の銘柄に挑戦してみるとよいかもしれません。

動きそうな銘柄を見つけよう

こうして絞った全200銘柄のうち、中でも特に動きそうな銘柄を探し出してみましょう。これを判断するには、前述のシナリオが必要になってきます。現在のシナリオならどんな業界が動きやすいか、検討してみましょう。

なお、選ぶ銘柄には時事性があるものを心がけましょう。もうすでに動いており、火の消えかけたような銘柄は、持っていても仕方がありません。なるべく、これから動きそうなシナリオに合わせて銘柄を選ぶように心がけましょう。

中にはきっと、「いやいや、自分は斜陽産業で働いていた。投資しても儲かりそうにな

■まずは200銘柄選ぶところから始まる

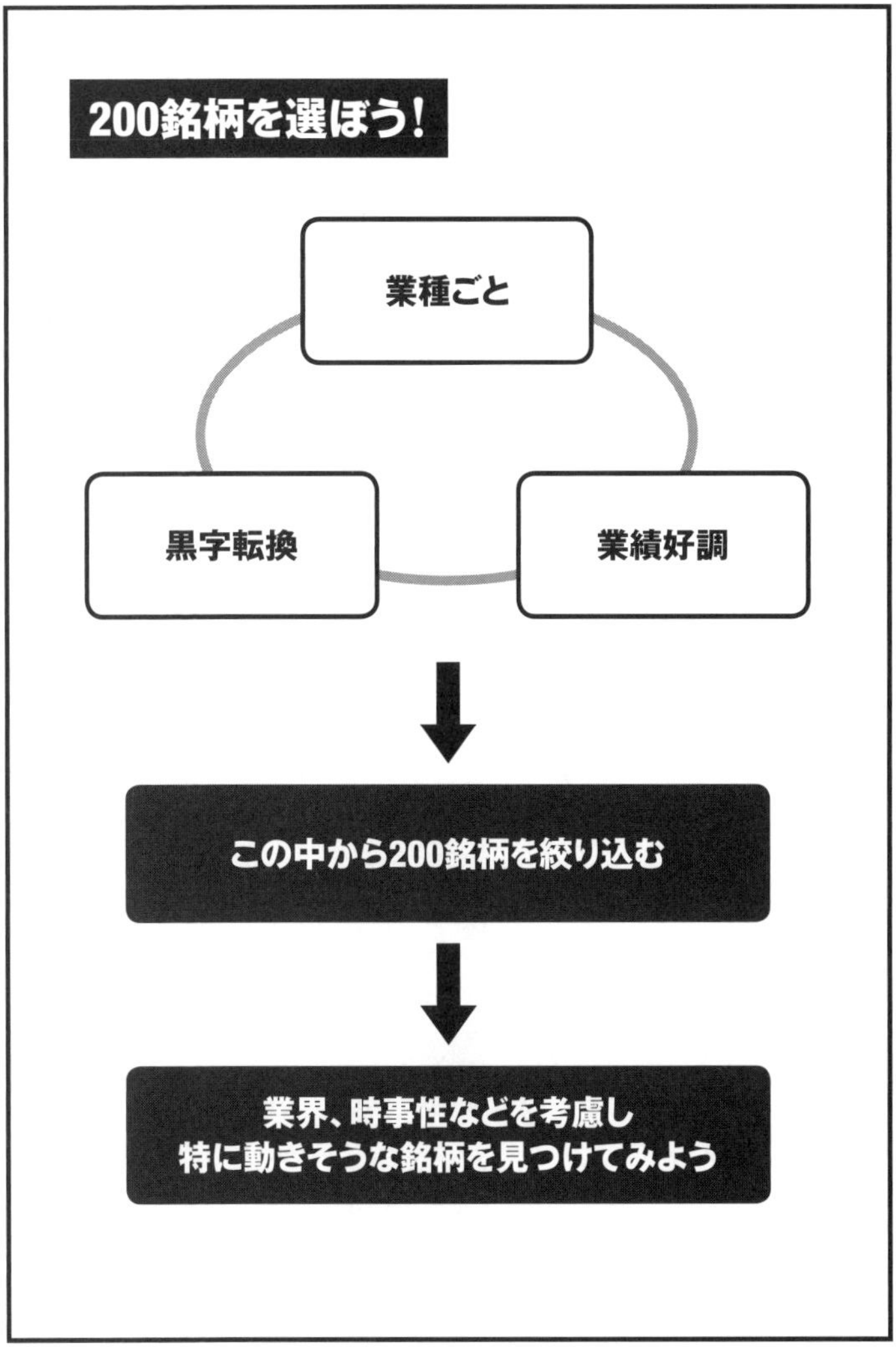

い」とか、「自分が働いていた業界だって、結局どうなるのか分からない」という人も当然いるのではないでしょうか。

そんな人は『会社四季報業界地図』を活用することをおすすめします。この中には、その業界の見通しが明るいのか、暗いのかの予想がなされていますから、ひとつの参考にできるでしょう。

あくまでもタイミングはシナリオにある

シナリオを重視して買い入れたのであれば、売るタイミングはもう決まっているようなものです。あなたの目論見《もくろみ》通りに世界が動いたのなら、そのときが売り時と考えましょう。

買い入れる前に、シナリオがどう動いたら売るのかということをあらかじめ決めておくべきなのです。事前にタイミングを決めておかないと、いつまでも持ち続けてしまうことにもなりかねません。

これは悲観シナリオについても同様です。損しているのなら、期待しても無駄と考えましょう。損失が大きくなるのは、決断すべきときに決断できなかったからにほかなりません。悲観シナリオが一定のところまで達したならば、早々に売ることを決断しましょう。

私はこれまで、あまり大きな損失は計上してきませんでした。それは、大きな失敗に発展する前に必ず手を打っているからなのです。細かい失敗というのは誰にでもあると思いますが、重要なのはそこからどうケアしていくかでしょう。まずは、利益を勝ち取ろうと、または損失を取り返してやろうなどと、躍起になって取引しないことです。

買値に逆指値《ぎゃくさしね》注文をしておくことは有効な対策となるでしょう。もっと上がるのを待っていたら、逆に下がってしまって結果的に損失、という展開を自動で防ぐことが

株を買うときのポイント

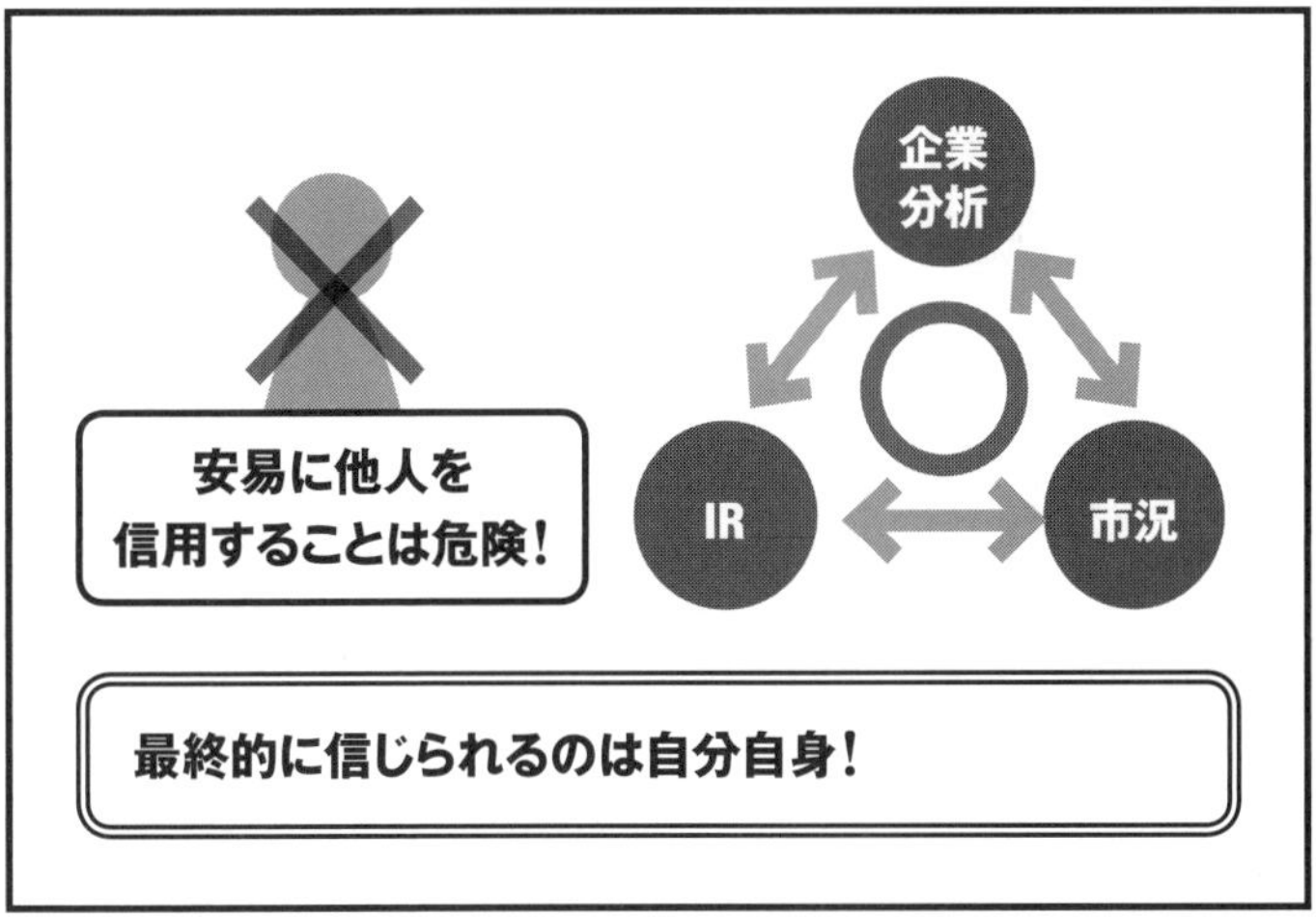
企業分析
IR
市況
安易に他人を信用することは危険！
最終的に信じられるのは自分自身！

できます。最初に決めた損切りラインを守れそうにないな、という人は、このように自動的に損切りする仕組みを心がけておけば、お守り代わりにできるでしょう。

しかし、最も気をつけなくてはならないのは、常に「自分の頭で考えているか」ということです。他人に乗せられて買った銘柄や、ネットで見聞きしただけの情報を鵜呑《うの》みにして銘柄を選んでいたのでは、自分でやった投資とはいえないのではないでしょうか。それこそ、「イナゴ投資家」と大差ないでしょう。

ネットが浸透して、情報を発信するのが手軽になった分、情報の質に疑問符がついているのがネット社会の現状です。いわゆる〝煽り屋〟というのもいますし、そんなものに乗せられて大損失を食らってしまっては、何のために株式投資をしているのだか分かりません。

株は「違いを見つける」ゲーム

さて、今後の世界市場ですが、おそらく2018年中は順調な進み具合を見せてくれるのではないでしょうか。問題なのは2019年で、アメリカに端を発する景気減速が懸念されます。トランプ大統領は北朝鮮やイラン等の外交問題には積極的に動いてくれていますが、アメリカ国内はともかく、外国に対する経済の部分はイマイチです。（アメリカへの）輸入自動車への関税の引き上げ検討など、あまり好ましくない材料が揃っています。

ただし、幸いなことに、これらは予測できることです。実際のところ、この世界がどのように進んでいくかはまだ誰にも本当のところは分からないわけですが、少なくとも予測を立て、対策を立てることはできます。

株式投資というのは「違いを見つける」というひとつのゲームといえます。たとえば、同じ業界なのにこちらの銘柄は上昇し、かたやあちらは値動きがないまま、などという状況に出くわすことはざらでしょう。

それを分からないままにしていては、投資家としての先が危ぶまれます。どんな動きにせよ、そうなったらそうなったに足る理由があります。それを分析して、自分の頭の中で理解することが、明日のあなたの糧《かて》になるでしょう。

未来が明るいのか、暗いのかということはまだ誰にも分からない話ですが、大事なことは「投資は楽しんでやる」ということだと思います。簡単に稼ごうとして利益だけを見るのではなく、心に余裕を持って臨むことで、結果にもつながりやすくなるでしょう。

坂本 慎太郎（Bコミ）さんの運用のポイント

POINT 1

投資は「シナリオ」を作って考えよう

株価を動かすのは結局のところ、業績です。その企業がどう転んでもいいように準備しておくことが投資の第一歩です。

POINT 2

200個の銘柄を選ぼう

200といわれるとちょっと絶望するかもしれません。ですが、その中には必ず稼いでくれる銘柄があるのです。

POINT 3

株は「違い」を見つけるゲーム

同じ業界でも、動く企業、動かない企業があることは珍しくありません。そこで大事なのは、それらの企業に違いを見いだせるかどうかです。違いが分かれば企業選びの強力な武器になるかもしれません。

PART 04

中長期投資で安定的に稼ぐ

さっかくさん

・Personal Data・

居住地	近畿地方
性別	男性
年齢	20代
職業	専業投資家
投資歴	11年
運用資産	2500万円

住宅バブル崩壊から投資の世界に

私が金融市場に興味を持ったのは2007年、17歳のとある秋の日でした。住宅バブル崩壊に端を発したリーマンショックにより、世界金融が存続の瀬戸際に立たされる1年ほど前です。リーマンショック前からテレビでは住宅市場の崩壊について様々な報道がなされていました。

中でも、東京証券取引所の株価ボードが点滅する様は余りにも美しく、そして印象的でした。これが、私が金融市場に関心を持つにいたるきっかけでした。当時、高校生だった私にはファンダメンタルよりもテクニカルの方が分かりやすく、アルバイトでためたお金を元手にFXトレードを行い、株式投資の元手を殖やしました。

トレードを行う中で、短期トレードはゼロサムゲームである、ということを強く認識しました。つまりは誰かが勝てば、誰かが負ける世界です。このような世界は競争が厳しく、ほんの少しの油断が命取りになります。売買を繰り返す中で、私はそうした事実を認識し、他によりよい手法がないかを模索し始めました。

中長期投資は勝ちやすい世界

時は2010年、私は投資や金融について研究する大学の部活動に入部しました。そこではファンダメンタルを主体とした、中長期投資についての研究がなされていました。私はそこで、短期トレードは限られたパイの取り合いである一方で、中長期投資は企業の成長によりもたらされる果実を投資家で分け合うというプラスサムゲームであると教わりました。ちょうど新しい手法を模索していた私には、しっくり来たのだと思います。その後、徹底的に中長期投資にまつわる書籍を読み漁りつつ投資を開始しました。

中長期投資と聞いて、これを読んでいる皆さんはどのようなイメージを思い浮かべますか？　とても難しいものだというイメージを抱かれる方が大半だと思います。ですが、投資は決して摩訶不思議な魔法ではなく、日常と密接に結びついた経済活動なのです。

企業の利益は売上から費用を引いたものとして導出されます。売上は顧客1人当たりの売上である客単価と顧客数により決定されます。費用は企業が製品やサービスを提供するにあたり発生するコストである原価やCMをはじめとした広告宣伝費の合計である販管費が費用にあたります。

■中長期投資は損をしにくい

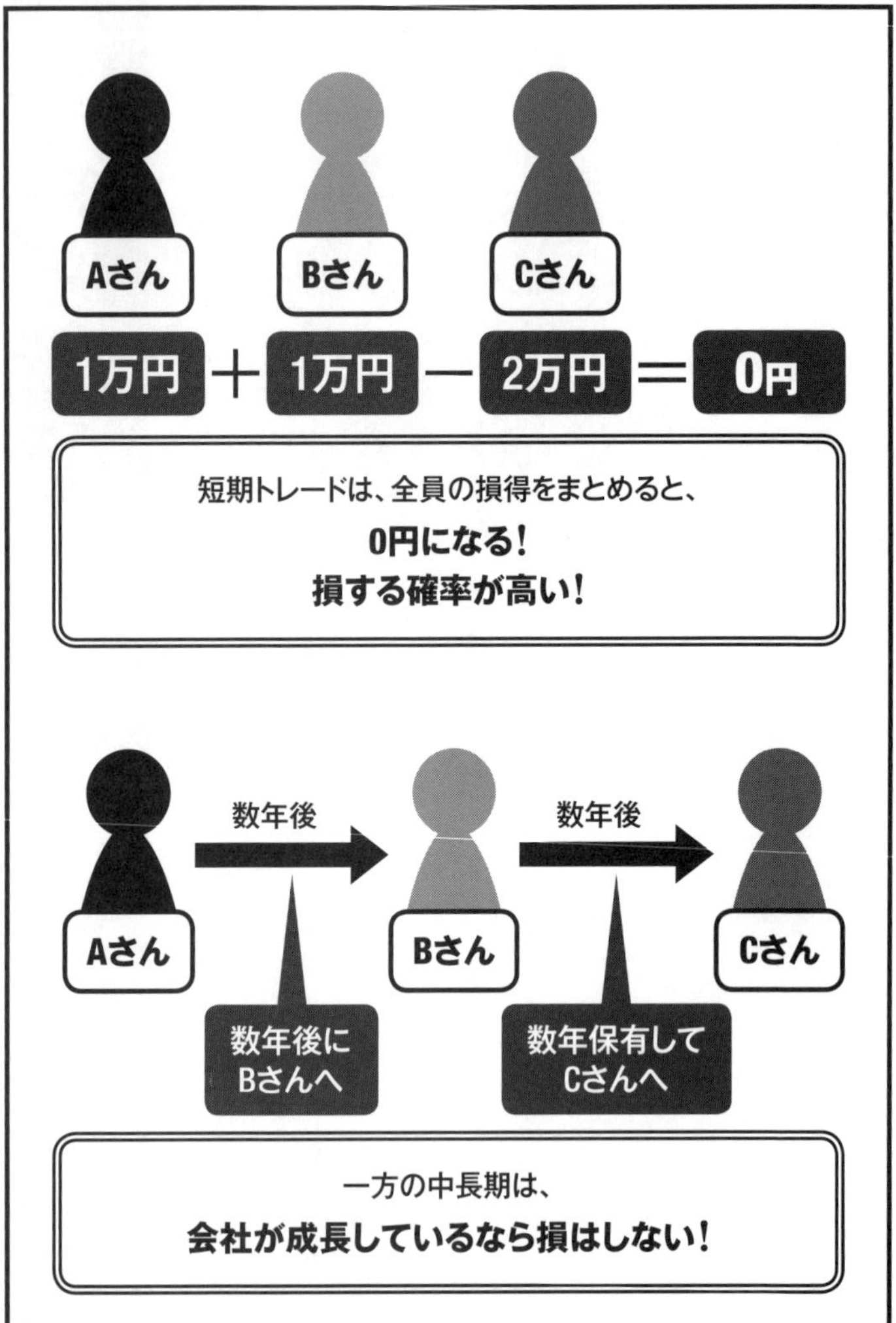

これは日常生活でイメージすると分かりやすいかもしれません。ハンバーガーを購入すると、お店お金を支払います。これが企業にとっての売り上げに当たります。と来店すればそれは客数の増加につながります。そして、たくさんのサイドメニューを注文すれば、客単価が増加します。

そしてお店を見渡すと、店員さんや輝く照明など、様々なものが目に飛び込むはずです。それらの多くが、そのお店の費用に当たります。このように、日常生活の中で企業と接するとき、企業にとっての売り上げ、費用が何に当たるのかをイメージすると、投資とは案外シンプルなものだと気付くのではないでしょうか？

■ 利益の構造

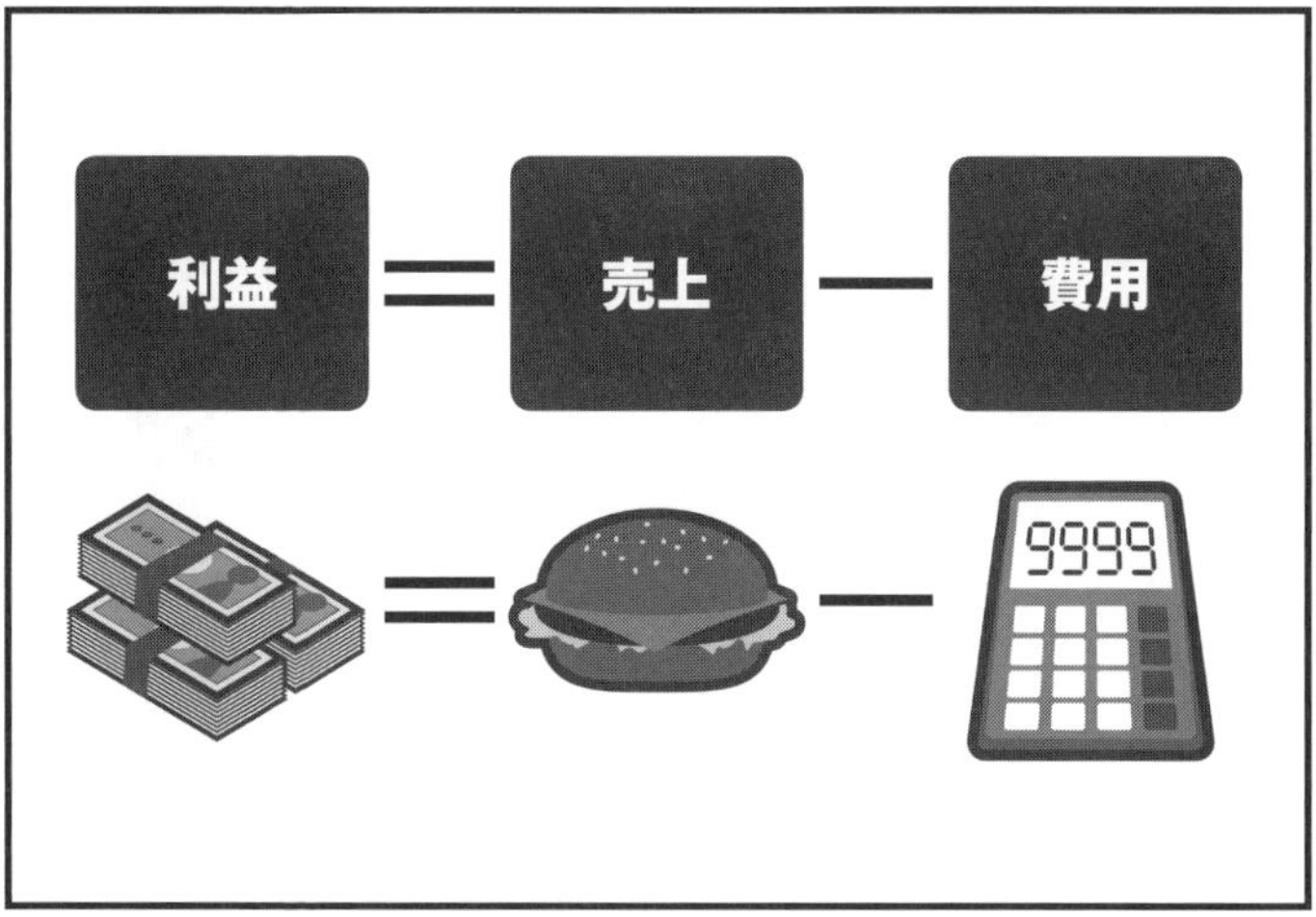

企業が利益を増やすには

先ほどの例では企業の利益は売上から費用を引いたものであることを確認しました。株価が上昇するためには利益が増加する必要があります。そのためには売上を増やすか、費用を削るかのどちらかになります。企業が活動する上では、一定の費用は必ず必要になります。ですから、利益を増加させるためには、基本的には売上を増加させる必要があるというわけです。

では、売上を増加させるにはどうすればいいのでしょうか？　売上は顧客数と顧客一人当たりの売上（客単価）の積で表すことができることは確認しました。ですから、究極的にはその両方を増加させることができる会社が好ましいと言えます。たとえば、先ほどのハンバーガーショップの例でいうと、新しい顧客を増やしつつ、顧客にはより多くのサイドメニューを買ってもらうということです。そうすることで、顧客数と客単価の増加により売上は増加します。

会社四季報や身近な会社の中から、こうした方法で売上を増加させている企業を探してみましょう。きっと「これは面白い」と思える会社が見つかるはずです。

企業の費用＝固定費＋変動費

企業の費用には大きく2つの種類の費用が存在します。ハンバーガー屋さんのバイト代にあたる人件費や店舗の土地代など、売上の大小にかかわらず事業を行う上で必須となる費用を固定費と呼びます。一方で、ハンバーガーを作るための食材費は販売するバーガーの数が多くなればなるほど、つまり、売上が増加すればするほど大きくなります。こうした、売上が増加するにしたがって増加する費用を変動費と呼びます。

さて、投資をするにあたり企業の利益が大きければ大きいほど好ましいと述べました。そして大きな利益を上げるためには、費用は少ない方が好ましいのです。つまり、固定費が小さく、変動費も小さい企業は大きな利益を上げることができます。実際にそうした企業は存在するのでしょうか？

例えばインターネット企業は、とても少ない費用で事業運営を行うことができます。考えてみてください、ネット企業が売上を増加させるには、ネット上の店舗で販売を行えばよく、実店舗を構える必要はありません。つまりそれだけ固定費が少ないのです。また、一度作成したソフトやシステムを稼働し続ければ、追加で売り上げを得ることができます。こ

■2つに分けられる費用

固定費　売上の大小に関わらずに発生する費用

例
- 人件費
- 土地代

変動費　売上が上がるにつれて大きくなる費用

例
- 材料費など（販売物の）
- 残業代等の人件費（基本給等含まず）

固定費
変動費
＜
利益

固定費・変動費ともに少ない企業が投資の狙い目

れは変動費がかかりにくい事業だということができます。

何もすべてのネット企業が優れているというつもりはありません。このような売上と費用の構造を持った企業を探していくことが、効率的に利益を増加させる企業を見つけるキモになるのです。

株価＝企業の利益×市場の期待

投資活動には株価が必ず絡んできます。投資を理解するためには株価を理解する必要があります。株価は企業の利益を細分化したＥＰＳに市場からの期待を表すＰＥＲの積で算出されます。

投資を行うにあたり、この2つの動向を見極めることが重要になります。企業の利益に対して株価がどう市場からの評価には、ＰＥＲという指標が存在しています。基本的に投資家は、ＰＥＲの程度割安か、あるいは割高かを測定するためのツールでが低い企業の株式を好みます。す。なぜならば、低いＰＥＲの企業は市場からの評価が低く、正当に評価されれば、ＰＥＲが上昇するからです。

思い出してください、株価は利益（EPS）と市場からの評価（PER）の積でした。株価を構成するPERが高くなるということは、株価が上昇することになります。ですから、多くの投資家は、今後再評価される可能性のある低い評価の企業の株式を購入することを好むのです。PERが20倍以下の企業など、ある程度の基準を設けて株式選定をしてみてください。市場が見落としている穴場企業を見つけることができるはずです。

そしてさらに面白いことに利益が増加する企業を選んでいるために、株価を構成する2つの要素が両方とも上昇することで、結果として莫大な利益を得られる可能性が存在しているのです。

■株価はこうして決まる

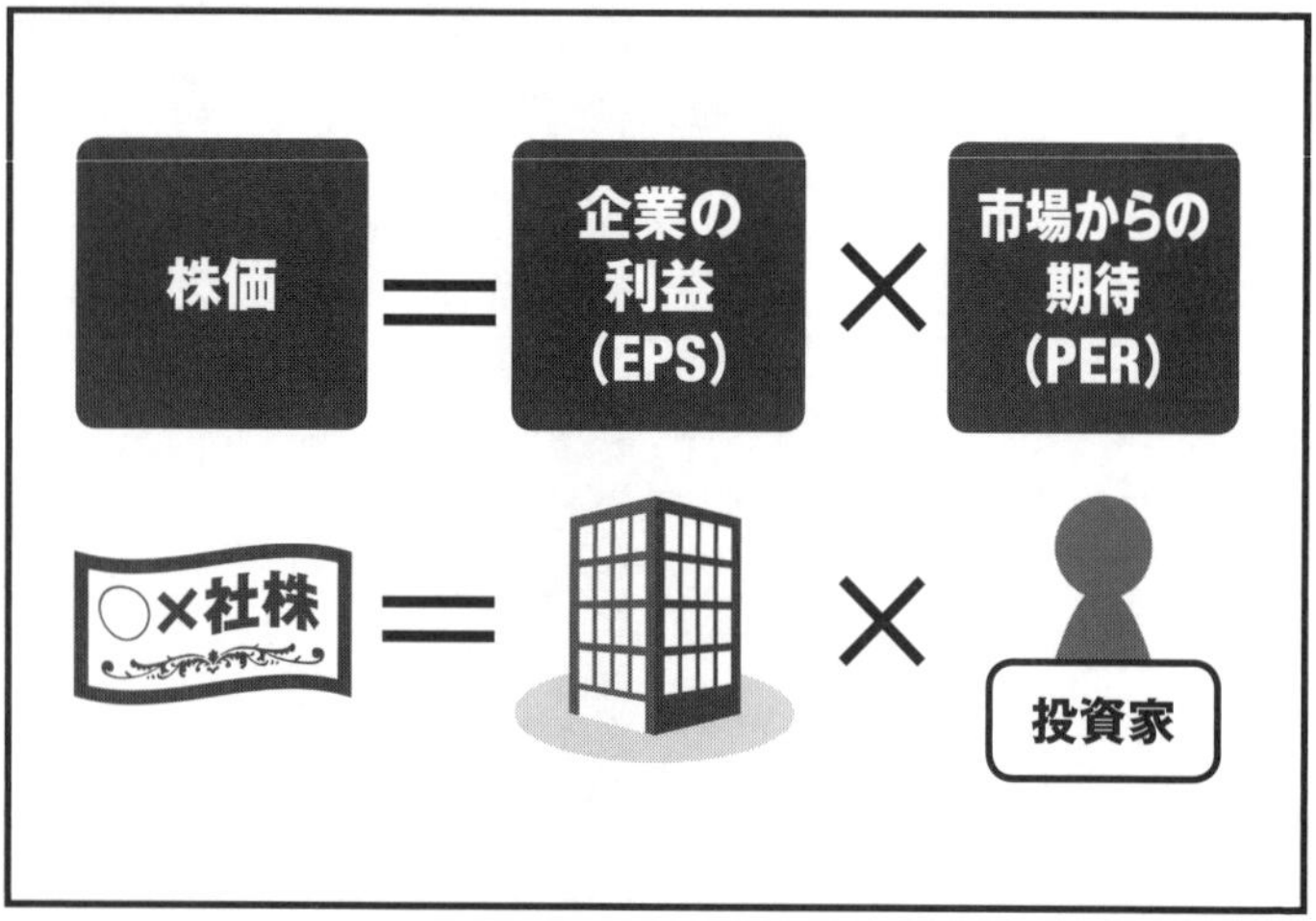

下落トレンドでの買いは危険

私は株式を購入するとき、ここまでに述べた利益とPERに加えて、チャートを重視しています。中でも週足チャートには注目しています。これは企業業績と綿密に連動するため、優れた企業の株価は基本的には上昇トレンドにあることが多いのです。

ここでの上昇トレンドとは26週移動平均が上向き、その上で株価が推移している株式を指します。もちろん移動平均の数値はご自身の投資スタイルに合わせて調整して頂いても構いません。

では、週足チャートが下落トレンドの場合はどうでしょうか？　下落トレンドの場合には2つの可能性が考えられます。1つ目は、企業業績になにかしらの問題が生じていて、株価がそれを先取りしている可能性、2つ目はなんとかショックというような、市場全体が急落する局面である可能性です。場合によっては、その両方があわさっている可能性もあります。下落トレンドの株式購入を避けることで、わたしたちはこうした2つのリスクを避けることができるのです。

そして、株式を購入する前に撤退する損切りポイントを設けておきましょう。そうすることで、購入してから売りたくなくなるという、損切りできない状況を事前に回避することができるからです。

溢れ出る情報に惑わされないように

2015年の夏のころ、私はとある外食企業の株式に夢中になりました。なぜか上がるしかないと考えてしまっていたのです。信用取引もめいっぱいに使い、株式を購入しました。ですが、夏に起こったチャイナショックにより、大きな損失を被りました。その後は株式投資から距離を置き、先物やオプション市場において売買を行い頭を冷

■ 企業はしっかり見定めよう

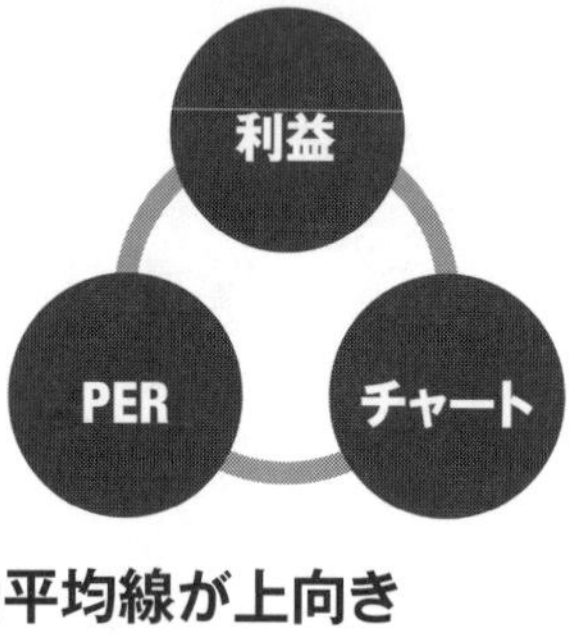

✓ 26週移動平均線が上向き
✓ 下落トレンドでの購入は避けよう
✓ 買う前に損切りポイントを設けておこう

やしました。市場は油断を突いてきます。常に冷静に、そしてクールな頭で物事を考える必要があるのです。

インターネット上には様々な情報が散乱しています。中にはとても正しいといえない情報もみられます。そして、様々な情報の中にはいろいろな投資家の情報も含まれます。例えば○○さんが今年100%を超えるリターンを記録した、などといったものです。

投資は長く続けることで、徐々に資産が増加していく経済活動です。投資を行うのはネット上のどこかにいる○○さんではなく、あなた自身です。ネット上の情報に惑わされることなく、ご自身のペースや性格、生活スタイルに合った取引手法を構築して

情報は必ず取り入れよう

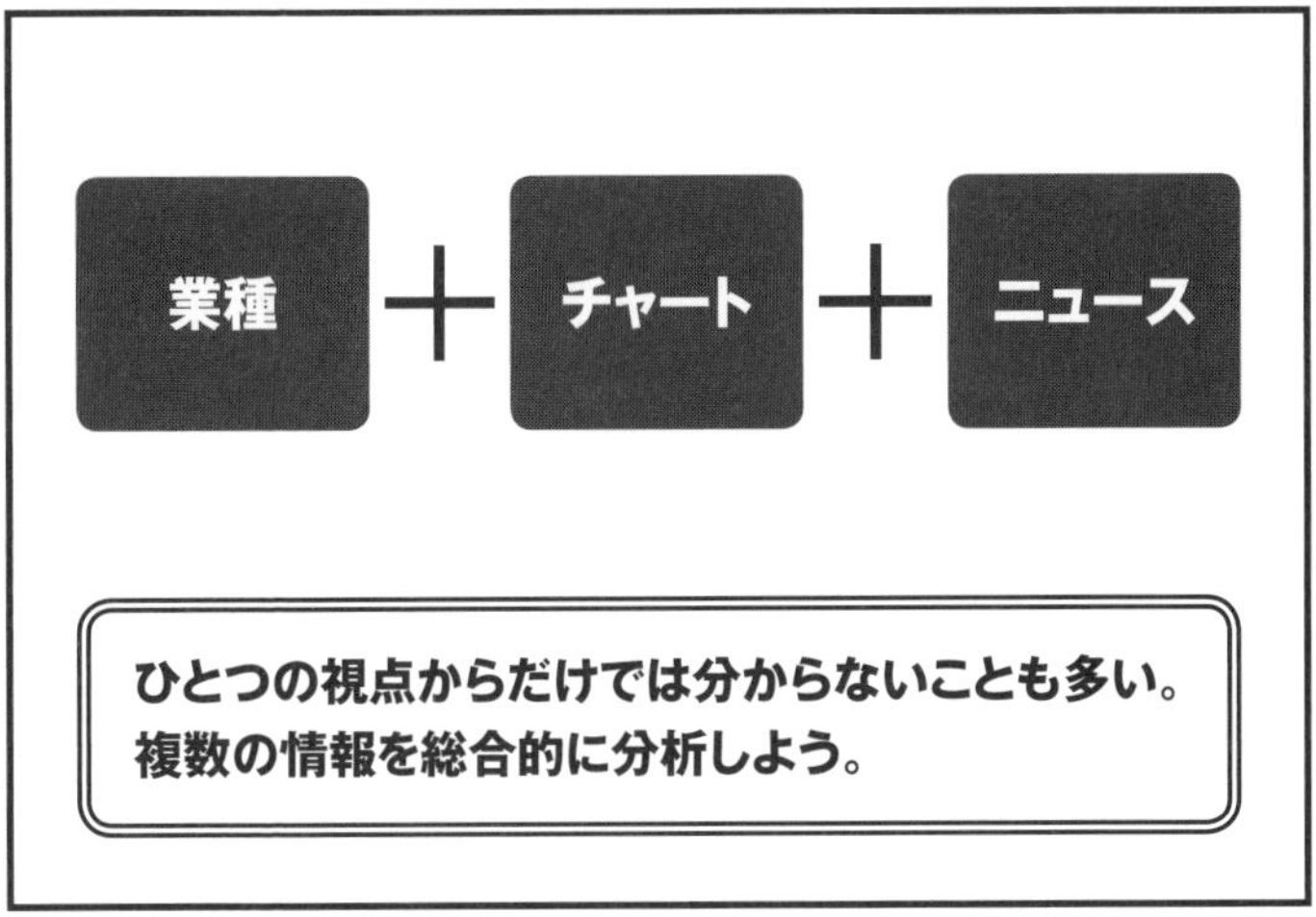
業種
＋
チャート
＋
ニュース
ひとつの視点からだけでは分からないことも多い。
複数の情報を総合的に分析しよう。

ください。

相場の乱れというものは、ある意味では、投資家の心の乱れとでもいうべきものです。勝っても喜ばず、負けても悔しがらず、そんな無心の心を保てれば、結果を出せるのではないでしょうか。

様々な投資家さんとお話をするなかで、普通の投資家と一流の投資家の間に存在するのはほんの僅かな壁だと気付きました。ほんの小さなきっかけで、一気にステップを駆け上がれる可能性は、誰にでもあります。私とて、まだまだ修業中の身です。お互いにさらなる高みを目指して、頑張っていきましょう。

さっかくさんの運用のポイント

POINT 1

中長期保有なら負けにくい

利益の取り合いになる短期取引と違い、企業の成長の分だけ利益が生まれます。とすれば、確実に儲かるのは中長期保有でしょう。

POINT 2

移動平均線をチェックしよう

週足チャートはその企業の業績と密接な関係にあります。26週移動平均線を確認して、上昇トレンドにあるなら買いであると言えるでしょう。同時に下落トレンドでの買いを避けることで、ショック安等の危険を回避することも可能です。

POINT 3

お金がかからないビジネスを見極めよう

固定費、変動費が共に安く抑えられているビジネスを行っているならば、得られる利益はとても大きなものかもしれません。投資先として好ましい企業はできるだけ大きな利益を上げられる企業です。そんな企業を探すように心がけましょう。

用語解説

住宅バブル崩壊　ざいたくばぶるほうかい

2007～2008年頃にアメリカで起きた金融問題。住宅価格の下落により銀行の倒産などが起こった。返済能力がないと思われる低所得者たちに家そのものを抵当にして貸し付けるという、アメリカ独特の住宅ローンのシステムが存在した。返済不可能になったところで貸し付けた銀行は抵当に入れていた家を売却することで利益を得る仕組みだったものの、住宅価格の下落により利益を回収できずに倒産。最終的には全世界規模での金融危機を巻き起こすきっかけとなった。

チャイナ・ショック　ちゃいな・しょっく

中国ショックともいう。中国（中華人民共和国）や中国人が原因の事件や何らかの事象のことをさしてこの名前で呼ぶ。金融のみではなく、政治、経済、軍事問題など幅広い分野でこの語は使用される。本文中で言及しているのは、2015年に発生した中国人民元の切り下げによる株価の大暴落のこと。共産圏である中国は、内部の情報が国外に伝わるまでのタイムラグが大きく、このこともまたチャイナ・ショックの広がりに影響を及ぼしている。

PART 05

年収300万円からの大逆転

www9945さん

· Personal Data ·

居住地	東京都
性別	男性
年齢	50代
職業	専業投資家
投資歴	25年
運用資産	4.7億円

低年収からの大逆転

私は学校を卒業後、地元の食品会社の営業マンとしてスーパーに営業をかける毎日を過ごしていました。

そんなある日、とあるマネー雑誌で有名な投資家を知ったのが、株式投資を始めた直接的な理由です。

当時は社会人になって間もない頃でしたから、そんなにお金もなかったんですが、どうにかして資金を貯め、株を買いました。結果的にそれはボロ負けでしたが、それが私の投資デビューです。

その後、どうも自分に営業マンという仕事は合わないような気がして、食品会社は辞めてしまいました。いろんなところで言っている話ですが、この後に二十数年勤めることになるビルメンテナンスの会社へ転職しました。

営業よりもビルメンテナンスの仕事のほうが私には合っていたみたいで、順調でした。新卒で入った食品会社はわずか1年半ほどで辞めてしまったのですが、結果的にはそれで正解だったようです。投資のほうもどうにか退場はせずに、順調かどうかは分かりませんが、仕事を辞められるまでに成長することはできました。

とはいえ、私もまだアーリーリタイアといっていい年齢です。辞めた直後は「自分は何もせずにゴロゴロしていていいのだろうか」という自責の念に悩まされていました。ただ、会社を辞めてから最初に迎えた月曜日、その日は雨だったのですが、ふと「あ、よかった」という思いが全身を駆け巡ったのです。

私は決してエリート街道を歩んできた人間ではありません。むしろ手取りにして20万円前後の給料しか稼げなかった、どちらかというと下位の部類でしょう。しかし、投資ならばどんな人間にだってチャンスがあるということは間違いありません。私がそのよい例だと思います。

インカムゲインで稼ぐ

私の主な投資スタイルは、上がりやすいキャピタルゲインで稼げる株も追いかけつつ、基本的に、生活の基盤を支えるためのインカムゲインの株を保有する、長期投資です。

4年ほど前に会社を辞めて以来、専業投資家として暮らしていますから、キャピタルゲインばかりを狙っているようでは万一の場合、生活が立ち行かなくなってしまう危険性があります。結局のところ、資産を失ってはどうしようもないので、その辺は気をつけなくてはなりません。

しかし、最初からうまくいくはずもありませんでした。全財産100万円で始めた株式投資でしたが、私の資産は10年後、1000万円でした。はっきりいって貯金しているのと大して変わらない成績でしたから、これに気がついたときは慄然《りつぜん》としたものです。

なぜこんなにダメな成績だったのかを考えてみると、私はその10年間でやってはいけないことをやり尽くしていたんだな、という結論に行き着きました。

■これだけは頭の中に入れておこう

分かっておくべきこと

- 業績は変動していくもの
- 他人の手法は参考にできる

やってはダメなこと

- ストップ高に飛びついて買うこと
- 業績が大幅に下落した銘柄を買うこと

それは、

・ストップ高買い
・下方修正からの大幅下落
・何となく買い

この3つです。

挙げていくとまだまだたくさんあるのですが、業績予想は変わるものだという当たり前のことを学んだのは、このくらいのときだった気がします。自分だけでは分からない、気づけないこともたくさんあることに気がつき、先人に学んだほうがよいのでは、と考え、インターネットで他人の手法を参考にするようになりました。

今ではもう見なくなりましたが、ヤフー掲示板の株の板や2ちゃんねる（現5ちゃんねる）も参考に、とにかく知恵を取り込もうとしていました。とはいっても、ほとんど他人の銘柄を丸パクリしていたようなものでした。

まだ当時はマーケットも安く、時代が時代だったので猿真似でも意外と稼げることは多かったのです。今は市場全体が割高ですし、あまりネットのデマに騙される人もいなくなってきたので、まったく同じやり方では難しいですが、稼いでいる人の手法を研究するのはよい行いだといえます。そして、紆余曲折《うよきょくせつ》を経て行き着いたのが、グロース株（成長株）と配当金株という2本柱の作戦でした。

長期保有にはアメリカ株

半年から1年単位で保有する銘柄としては、日本株がよいのではないかと思っています。ただ、数年から数十年も保有することを考えるのであれば、アメリカ株のほうが適していると考えています。

日本株はどうにも信用ならない部分があるというか、たとえば5年間保有しようと思ってその銘柄を買い入れても、結局1年程度で売ってしまうということがよくあります。日本株はアメリカ株に比べると値動きが激しく、そのスパンも短いのです。ですから、そのチャンスを逃さない運と、思い切りが必要なのが日本株だ、と思っています。

加えて、比較的簡単に減配が発生するのが日本株の特徴です。アメリカ株は40年間連続増配する銘柄も珍しくありません。しかし、日本ではおそらく花王の29年程度が、連続増配の最高記録だったと記憶しています。

こういうことから、日本株というものは、長期で保有するにはどうも当てにならない、というのが私の考えなのです。

長期保有を目指す銘柄で大事なことは、

・手堅い事業内容であるか
・自社株買いをしてくれるか
・配当はしっかり出してくれるか

という点がポイントであると思っています。これらを考慮すると、私はどうしても、日本株よりアメリカ株に惹《ひ》かれてしまいます。基本的に、配当利回りが高く連続増配している銘柄であれば、失敗することはあまりないでしょう。加えて、売買のしやすさを考えると、日本市場にも上場している多国籍企業であるといいですね。いずれもネットで検索すれば調べられることですから、そんなに難しいことではないと思います。

私も今は日本の小型株を多く持っていますが、徐々にアメリカの大型株や、日本株でも配当がよい株にシフトしていこうと思っています。

■日米、それぞれの銘柄の違い

日本株とアメリカ株の主な違い、特徴

日本株

- アメリカ株に比べて値動きが激しい
- 業績低迷などの原因で減配がよく起きる
- 増配が続かない

アメリカ株

- 日本株よりも値動きが読みやすい
- 減配はめったに起きない
  起きたらその企業は「終わり」のサイン
- 連続増配が日本株に比べて桁違いに長い

長期的に見ると、アメリカ株は値動きが読みやすく配当もしっかり上がっていく。
長期保有ならアメリカ株がおすすめ！

しかし、キャピタルゲインを狙う銘柄では、やはり日本株ですね。前述の通り、数年以上の保有に向いているとは思えませんが、この場合はむしろ値動きの激しさが魅力になるからです。まだあまり慣れていない投資家であれば、最初にそうした銘柄を狙っていくとよいのではないでしょうか。

私も、『会社四季報』や他の投資家のブログ、ツイッターを見て、銘柄選びの参考にすることはありますが、いちばんいいのは自分で確かめることなのです。たとえば、首都圏では飲食店でお客さんがみんな外国人だった、なんていうことも珍しい光景ではありません。ここから見えてくるのは、インバウンド需要が高まっているのではないか、という予測です。インバウンド需要とは、要は外国人による需要ですが、この先も観光客が増えれば増えるだけ、飲食や宿泊などの銘柄は上がり続けていくかもしれません。

このように、日常生活で気になった企業はメモしておいて、後でIR（投資家向け広報）などで業績や財務などをチェックし、投資候補としておくとよいでしょう。「店名　株価」と検索すれば、上場企業であればヒットするでしょう。特別なことをしなくても、その程度で銘柄は調べられます。

私が思うに、狙う銘柄は初心者だろうが玄人《くろうと》だろうが違いはありません。どこまで考えられるかで違いが決まるのだと思います。自分の知識の中からその企業や社会の動き方を予測して買えるようになれば、脱初心者といえるのではないでしょうか。

売らずに含み益をふくらませる

上か下かはともかく、基本的に株価は大きく動いた方向に動き続ける傾向にあります。いわゆる〝逆張り投資〟をする投資家も多いですが、私は順張りしかしません。なぜならば、株価が上がっているのならば、さらに買い乗せたほうが含み益が大きくなるからです。

いわゆる、〝信用取引ピラミッティング〟という手法です。あらかじめ、見込みがありそうな企業の株を買っておきます。私は安いときにだいたい8000〜9000株ほどを買い入れておき、株価が上がったら、だいたい1000株くらいの買い増しを入れます。イメージとしては、あらかじめ「土台」となる部分を作っておき、利益が出そうなとき、つまり株価が上がったときに、さらに買い増していくのです。

もし、株価が下がった場合は損切りするだけです。私はだいたい9％程度株価が下がったら、保有している1〜2割の株は売ります。なぜ9％かというと、10％付近でトレンドが反転することがあるからです。そのため、1〜2割売ってまずは様子見をし、そのまま

■ピラミッティングの考え方

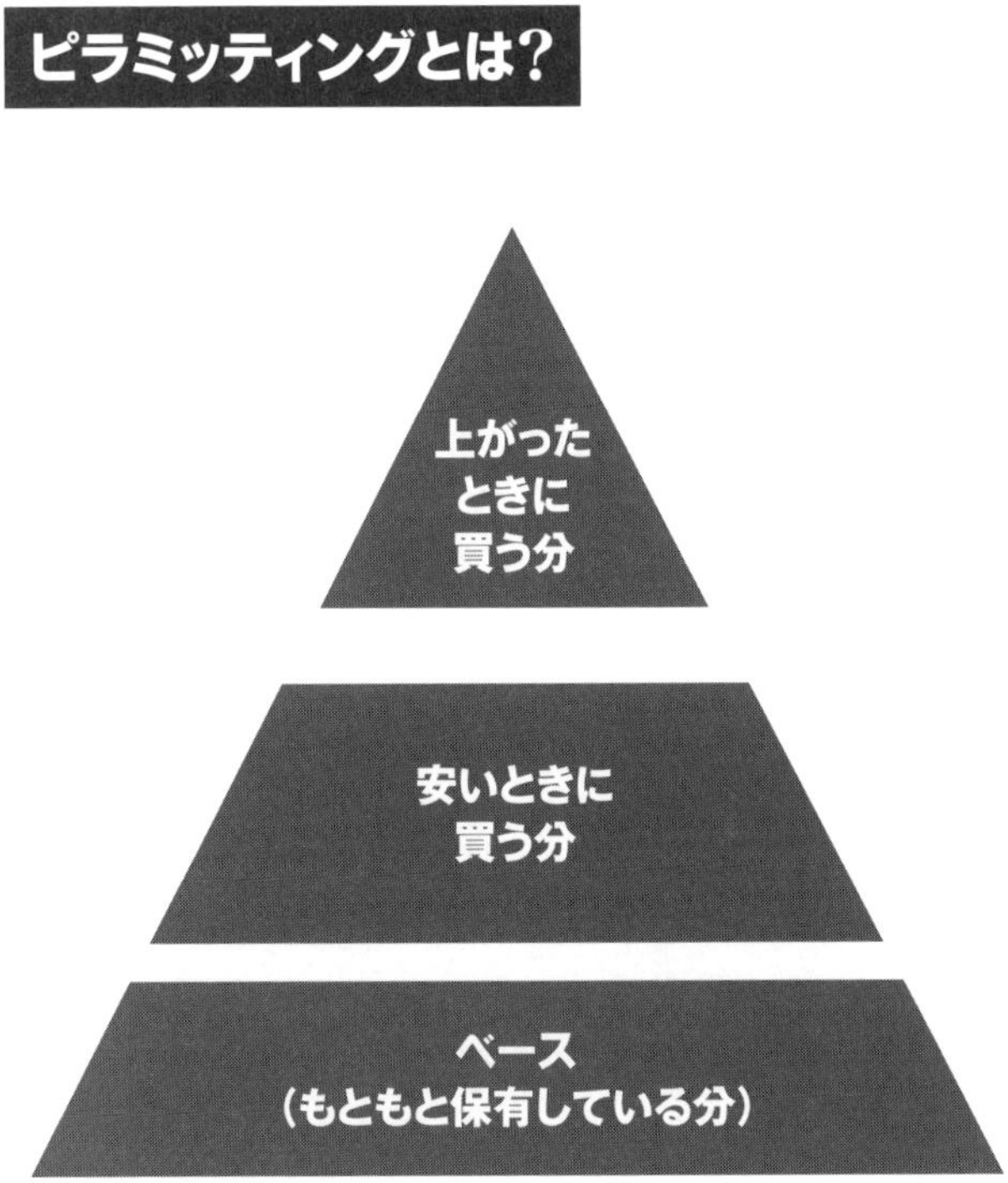

安いときに土台を作るようにして買い、
高くなってきたら含み益を狙って少数を徐々に買い入れる。

10％まで下がるようであれば、見込みなしと判断してすべて売るように心がけています。しかし、私の場合は長期保有することが多いので、損切りすることは少ないです。試しに買ってみたインドネシアやベトナムの株は多いですが、これはキャピタルゲイン狙いのちょっとした冒険のような感覚で買っているものです。高額な為替手数料などを考慮すると、資金があまり多くない方が手を出すのは、ちょっと難しいかもしれません。

そもそも損切りしないようにするコツとしては、注目するセクターに気をつけることです。私の場合は例えば、ＩＴや鉄鋼業界などでしょうか。他にもたくさんあるのですが、共通のポイントとしては、景気に敏感な業界です。期ズレで本来は黒字決算だったはずが一気に赤字転落、というのが嫌いなので、そのような業界は狙わないようにはしています。

つまり、予測がつきづらい企業はあまり好きではありません。そういう意味では、ストックビジネスの企業は注目しています。ストックビジネスとは、毎月、決まってお金が企業に入ってくるビジネスのことです。たとえば、会員費制のスポーツジム、メールマガジンを配信するような会社がこれに当たります。

このようなビジネスモデルを築いていて、しかもまだ中小規模の会社であれば、それは投資のチャンスと見てよいかもしれません。

■予測しても当たるとは限らない

予測は無駄かも？

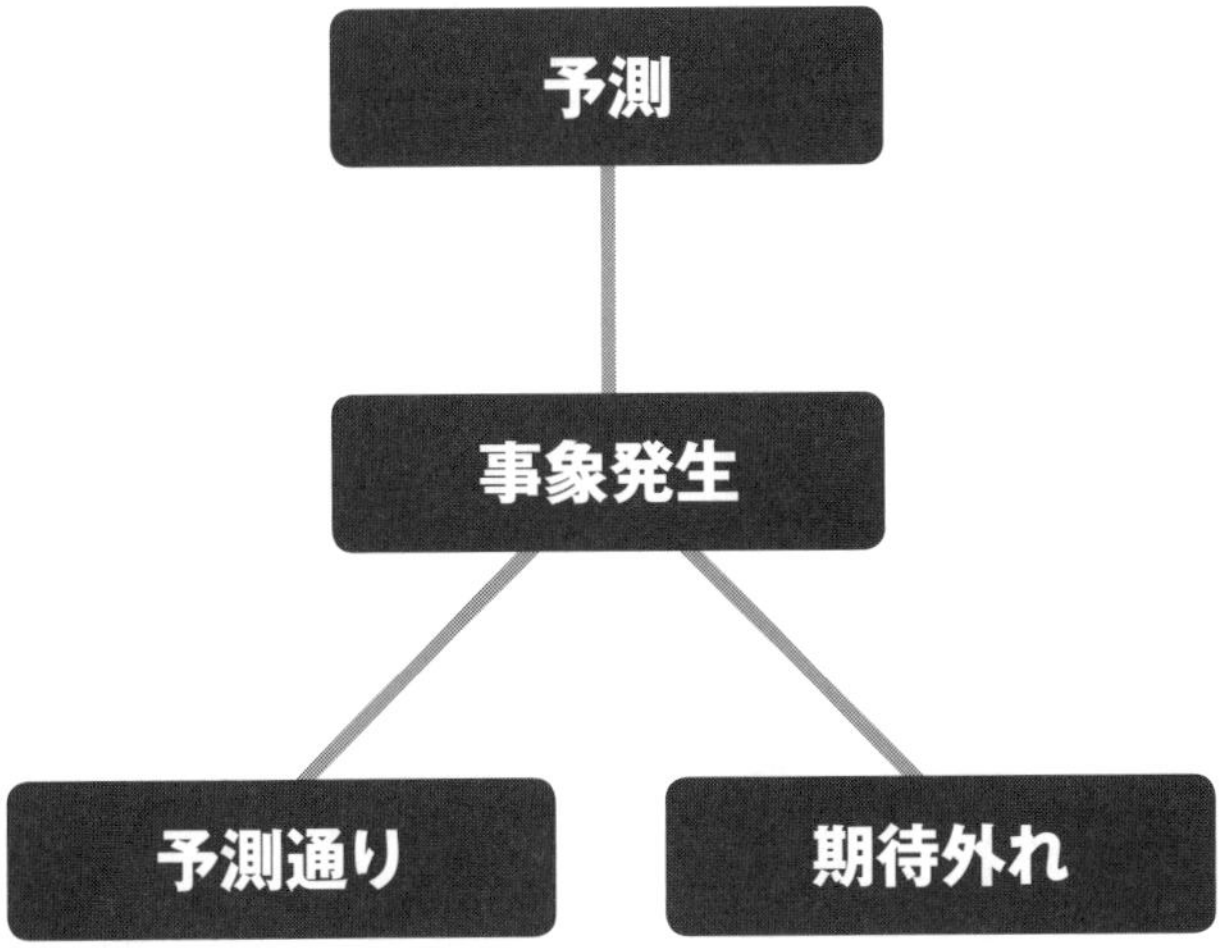

いくら予測しても、現実がどう転ぶのかは分からない！

投資は人生の選択肢を増やしてくれる

これから先の市場を予測しようとするのは、なかなか難しい話ではないでしょうか。いくらその企業の先行きを考えても、結局は、ショック安に当たってしまったらあまり意味がないからです。どれだけ相場全体の動きを予測しても、極端な話、世界大戦が始まったとしたら、その予測は一瞬にして無駄なものとなるわけです。もちろん決算発表などから市場全体の動きを予測することはしますが、ショックなどの出来事は予測不可能と割り切って、あまり考えないほうがよいのではないでしょうか。

それよりもある程度、いろいろなセクターに投資しておくだとか、まったく別の金融商品にも投資しておくなど、資産を分散するほうがよほど対策になるでしょう。

私は営業マン当時、仕事が辛《つら》くてどうやって逃げ出そうかと考えていたくらいでしたが、投資でも稼げるというのは心理的な助けになりました。今でもそうかもしれませんが、当時は「株で生きる」というとおかしいやつだと思われましたから、ひっそりと孤独にコツコツ続けていました。結果的に今では、会社を辞められるくらいの収入を得られるようになりましたから、大正解でした。

これから先の社会、ひとつの会社だけに留まるという人は稀《まれ》でしょう。そんな時代だからこそ、会社からもらう給与以外にも収入の道を確保しておけば、精神的安定につながりますし、努力次第でアーリーリタイアも夢物語ではなくなるのです。

www9945さんの運用のポイント

POINT 1

他人の手法を参考にする

他人の手法を真似ることは大いに役立つでしょう。
ただし、銘柄を真似るだけでは危険。時間軸などを考慮して考えましょう。

POINT 2

長期投資にはそれ向きの株を探す

アメリカ株は長期保有に向いていますが、日本株はそうともいえない場合が多いです。それぞれの特徴に気をつけて取引しましょう。

POINT 3

セクターには気をつけよう

景気に敏感な業界の企業は予測がつきづらいことが多いです。自信があるのならいいのですが、基本的には避けたほうが無難です。

PART **06**

チャンスは昇格期待株にあり

v-com2

さん

· Personal Data ·

居住地	**千葉県**
性別	**男性**
年齢	**30代**
職業	**兼業投資家**
投資歴	**15年**
運用資産	**1億7000万円**

優待目当てで始めた株がライフワークに

私が株を始めたのは20代前半の社会人になったばかりの頃でした。当時は、10万円程度の少額な投資でも、レストランなどの株主優待券を1万円分くらいもらえた株もありました。そのお店は当時住んでいた家の近所にもあったので、とりあえず株を買ってみたのです。これが私の最初の株式投資でした。

大学で経営学を学んでいた私は、企業に関連するかなり体系的な勉強をたくさんしてきました。しかし、そうした「理論」と「現実」を結びつけることができずにいました。そのため、実際の企業やその経済活動にもあまり興味を持つことができなかったのです。当時は、自分も社会人になったのにこんなことでいいのだろうか、とかなり悩んだ記憶があります。

ところがいざ、自分が株主になってみると、自分が株を保有している企業だけでなく、社会全体の経済的な出来事に、興味を抱くようになりました。それまで、振り向きもしなかった『日本経済新聞』を読むことも楽しくなり、経営者の自伝などもたくさん読むようになりました。株式投資が、たくさんのことに興味をもつきっかけとなったのです。過去に学んだ理論と現実が結びつき、好奇心を満たしてくれました。

長期保有で利益増を目指す

私が株式投資を始めたのは、当初は株主優待目当てだったのですがその後に、著名な投資家たちはいったいどんな方法で投資をしているのだろうか、と興味を持って、いろいろな投資家が書いた著作を読み漁《あさ》りました。

ウォーレン・バフェットは誰もが知る投資家だと思いますが、このバフェットはバリュー株投資を得意としているんですね。バリュー株に投資して長期保有した結果、今のバフェットの成功があるということが分かったのです。ちなみに、バリュー株というのは割安株ともいいますが、その企業の価値、保有している資産や収益力に比べて、相対的に株価が低い銘柄のことをいいます。

それならば自分もそのバリュー株投資に賭けてみようか、と思ったのが、今のスタイルを築く礎《いしずえ》といいますか、きっかけのひとつになりました。

ただし、バリュー株投資を実践しようとしても、すべてうまくいくものではありませんでした。割安な株を買ったとしても、なかなか株価が上がらない万年割安株になってしまうものが多かったためです。これではどれだけ株に投資しても、利益を挙げるのは難しいです。ただ単に魅力が少ないから放置されている企業と、潜在的な力はありながら、それが知られていないから放置されている企業は、まったくの別ものだったということですね。潜在的な価値があるからバリュー株なのだ、と最初に気づくべきでした。

　そこで私は、成功した投資と失敗した投資は、いったい何が違ったのかを考えてみることにしたのです。すると、その要因のひとつに、東証一部昇格があることに気づきました。一部昇格をきっかけに、割安状

■割安なだけでは不安が残る

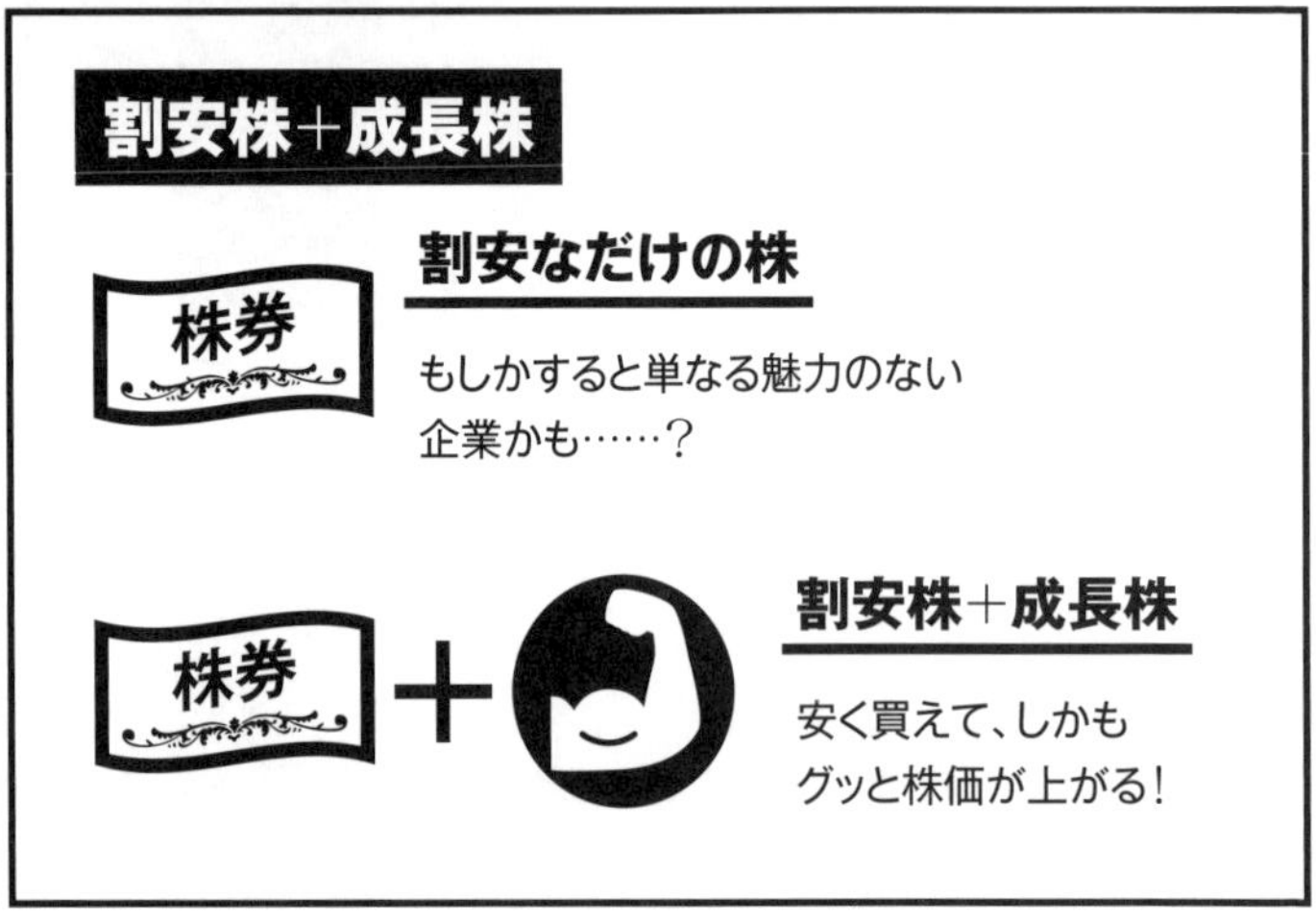
割安株＋成長株
割安なだけの株
株券
もしかすると単なる魅力のない
企業かも……？
株券
割安株＋成長株
安く買えて、しかも
グッと株価が上がる！

態が一気に解消され、大きく株価を上げた企業が、たくさんあったのです。

私の投資スタイルのメリットは、優待株の保有については、あまり株価に左右されない中長期投資を、当たり前のこととして実践できることです。私以外の個人投資家を見ていると、株価の値下がりやその他、多くのマイナス要因に負けてしまい、中長期で保有できず短期で手放してしまう人が多い印象です。

しかし、長い目で見ると、中長期で保有できるのは大きなメリットです。上場企業は、成長するという使命を抱えていますから、企業の成長はどこかで必ず株価の上昇という形で反映されることになるのです。

ただ、株はノーリスクというわけにはいきませんから、必ず業績の悪化や市場自体の暴落という危険性は孕《はら》んでいます。しかし、そこを乗り越えていくと、優待株投資のつもりで保有していた銘柄が結果的に2倍、3倍や、時には10倍以上に株価が上がってくれることもあるのです。

このスタイルはもう長いこと変えずにここまで来ました。ただ、ここ最近は昇格期待投資をする人が増えてきたように思うため、他人の先を越す作戦を心がけることも多くなってきました。今までは、東証二部あたりから注目することが多かったのですが、それでは遅いことが増えているように感じています。そのため、最近では名古屋証券取引所、福岡証券取引所などの、地方の株式市場に上場している企業についてもリサーチしています。

その見極め方は後述しますが、簡潔に言うと、自分なりにその会社を調べて、割安で昇格が見込めそうならば買います。また、地方市場の段階でも大きく株価が上昇し昇格期待が織り込み済みの株価と感じたらその時点で売ってしまいます。

このようにして多少の細かい変化があるものの、バリュー株をメインにした中長期投資という根本的な部分については、何も変わっていません。自分に合わないな、と感じたらまた別ですが、最初に決めた「こうするんだ」という大枠のポリシーを曲げず枝葉の部分を修正していくことが、株式投資で勝ち残るために継続しなければならないことです。

上場のサインを見逃さない

私が買い入れるときの判断には、テクニカルの指標は一切気にしないようにしています。理由としては、私にとって、それらが有害なものでしかないからです。どういうことかというと、テクニカル分析を始めると、どうしても思考が近視眼的になってしまうためです。

たとえ、一時的に何らかの理由で株価が下がっているにしても、その企業が本質的によい企業であれば、必ず持ち直すでしょう。

ひとつの例として、２０１８年の1~2月のＫＤＤＩ株があります。楽天の携帯事業参入や米国株の暴落にともなう大幅な値下げがありました。しかし、私は買いに行きました。ＫＤＤＩは安定的に成長可能な連続増配企業であり、株主還元意識も高い企業であると判断したためです。実際、５月の決算で１００円配当、自社株買いを発表し、上昇トレンドへ復帰しました。

私が買うときに基本的に注目する指標は、ＰＥＲ、ＰＢＲがメインです。ただし、これらについても一概に何倍以下がいいと言い切ることは非常に難しいです。多くの投資家や投資本ではＰＢＲ1倍以下を割安株の基準としていますが、私はそれだけで十分だとは思いません。例えば、低ＰＢＲかつ、余剰キャッシュが多いから魅力的である、などのように、財務内容を詳しく見て判断します。

銘柄の選び方ですが、基本的には、優待銘柄であること、昇格期待があると感じられること、中小型株であることです。加えて不人気銘柄であればなおよい、という感じですね。つまりは知名度がある大型株は最初から外しているのです（前述したＫＤＤＩは例外ですが）。加えて、優待が設定されていない銘柄についても基本的には外しています。これだけでも銘柄としてはだいぶ絞られるのではないでしょうか。

中小型株というのは、人によって曖昧な部分がありますが、私の基準では時価総額で30億~300億円くらいの銘柄としています。また、どんな会社に注目すればよいかについて悩む方も多いですが、以前働いていた業界や、自分の趣味が関わる業界など身近な所を優先して注目して行くとよいのではないでしょうか。馴染みのない業界については余裕ができてから徐々に調べて詳しくなって行けばいいと思います。

そのような中小型株に絞り込んだ後、東証一部上場の見込みがあるのかどうかを見極めます。なぜなら、割安な銘柄だと、東証一部昇格が期待される段階や実際の昇格決定により、株価が大きく上昇することが多いためです。現に、私が投資した銘柄も、東証一部昇格に向けて大きく上昇した例が、いくつもあります。

上場の期待できる銘柄を探そう

私はこれまでの経験から、上場する可能性のある企業の特徴をつかみました。まず、最も分かりやすいのは、優待を新設、または拡充する銘柄です。これはもちろん、優待目当ての個人投資家に買われるため、総株主数が増えるからです。株主優待を新設したり拡充

■メジャーな企業は避けて投資すべし

銘柄の選び方

- 優待銘柄であること
- 昇格期待があること
- 中小型株であること

投資対象にならない企業

大企業

多くの場合、割安とはいえないため

優待が設定されていない企業

昇格期待を図ることが難しいため

どうしても難しい場合、自分が働いていた企業や業界の銘柄に目を向けてみよう!

した後に一部昇格を果たした企業を、私はいくつも見てきました。例外もありますが、私はこの株主優待の動きは、一部昇格に向けた重要なサインであると考え、常に気を配っています。

ちなみに、東証一部上場というのは非常に条件が厳しいです。「上場審査基準」に従ってその企業が審査されるのですが、少し例を挙げてみると、株主総数が2200名以上、時価総額が地方市場や、JASDAQからの直接上場の場合は250億円以上、東証二部や東証マザーズからの昇格の場合は40億円以上、となかなかのハードルの高さです。そうやすやすと上場させてしまっては、一部上場企業というブランドも薄れてしまいますから当然なのですが、やはり、そう簡単にクリアできる基準ではありません。そのため、「何となく上場しそうだな」とか「上がりそうだな」というような曖昧な基準で銘柄を選ぶべきではありません。

ただし、その企業が一部昇格することが確実視される場合、やはり急騰してしまうことはあります。ここ最近は東証二部、マザーズといった市場の銘柄が「一部指定申請をしています」とアナウンスすることで、急騰してしまうことがあります。昇格銘柄を狙うという意味では、その段階ではもはや手遅れといっていい状況なのですが、そのときに投資することを昇格投資だと思っている個人投資家もいるようです。それは大きな間違いである

■昇格期待が持てる特長

一部昇格が期待できそうな銘柄って？

✓ 株主優待を新設した

✓ 株主優待を拡充（内容を手厚く）した

↓

優待に動きがある銘柄は
一部上場の可能性が高い！

↓ ただし……

二部上場企業、マザーズ上場企業などの場合、
一部昇格が確実視されてしまう。
地方市場に上場している企業を積極的に狙おう！

ということを、まず認識しなくてはなりません。

その銘柄に狙いをつけるタイミングを、もっとずっと遡らなければならない、ということです。短期的ではなく、あくまで中長期的な視点を保って銘柄を見ることが大事なのです。たとえば、地方市場から東証二部へ上場してきた銘柄は、その最たる例です。わざわざ地方市場から来たのに二部がゴールであるはずがない、絶対に一部を目指しているはず、というのが私の場合の考え方です。

損切りは柔軟な対応をもって行おう

株式投資をしていると、誰しも損切りを行わなくてはならない瞬間が出てくるのではないかと思います。それについて、明確にルール化して「○○%までの損失が出たら即、損切り」というようにしている方も多いかと思います。

ですが、私の場合は特にそのような厳格なルールを設定してはいません。なぜかというと、明確にルールを設定できるほど、都合よく株価は動かないものだと考えているからです。個別企業の銘柄というものは、相場全体の動きにも左右されますし、次にどう動くかを予測することはなかなか容易なことではないのです。ですから、そもそもある程度の損失は織り込んで考えます。マイナスになってしまう銘柄は必ず存在するものと、最初から覚悟して取引しているのです。

そこで私は損切りについて、かなりシンプルなふたつのルールのみを設定しています。まずひとつは、

・当初描いていたストーリー、たとえば一部昇格や業績向上、株主優待の人気化などが大幅に崩れてしまった場合

これについては迷わず売ります。前述したように、私のスタイルはバリュー株投資で、それも一部昇格、優待の有無（または人気）が大きなファクターを占めているのです。それについての目論見が外れてしまった場合、その銘柄について現状含み益だろうが含み損だろうが売るように心がけています。その点については通常の損切りのルールとは異なるかもしれません。

ふたつ目のルールは、

・保有しているものよりも、もっとよい銘柄を見つけた場合

このときにも、私は売るように心がけています。自分が予想していたストーリーが特に崩れていなければ、持ち続けてもよいかもしれません。

私が損切りについて自分に課しているルールは、以上のふたつのみです。ただし、前述の通りこれらはその時点で含み益があろうが、または含み損だろうが、関係なく適用しています。

したがって、これらのルールは時に、大きな含み損を生んでしまいます。結果的に、どこまでも下がる銘柄を持ち続けることにもつながってしまいますが、それは仕方がないことと、割り切るように心がけています。

株価は上下するものである以上、損失は避けることができないのです。信用取引等に手を出したり、極端に人気のある銘柄を買わなければ、致命的な損失というものは避けられるはずです。

過信は禁物！ よく考えて取引しよう

株の取引にもある程度慣れてくると、何が自分に合っていて、何が合わないのかという、明確な投資のスタイルが生まれてきているのではないでしょうか。そうならば、そのまま自分と相性のよい取引のスタイルを、磨き続けてほしいと思います。もし、まだよく分からないな、と思うのなら、試行錯誤を続けて自分に磨きをかけてほしいと思います。

やり方の良し悪しというものは、やってみなければ分かりませんし、他人からは見えづらいものだからです。「百聞は一見にしかず」といいますから、ぜひともいろいろな方法にトライしてみてください。

ただし、それらは自分を過信しすぎないという点に注意しながら行う必要があるでしょう。投資家のインタビューやノウハウ本には、よく「信用取引を駆使してみよう」とか、「ひとつのある銘柄に集中投資することで短期で大きな資産形成ができる」、などという甘言が躍っています。

これらはいずれも私には合わないやり方と考えています。というよりも、「諸刃《もろは》の剣《つるぎ》」とでもいうべきでしょうか。たしかに、信用取引を使えば自分の持っている資産の何倍ものの資金力を生み出すことになりますし、自分が見込んだ銘柄に集中投資して、大当たりしたならば莫大な利益を得られることになるでしょう。
　しかし、それらは同時に、失敗した場合に何倍もの損失としてあなたに跳ね返ってくるのです。そんなハイリスク・ハイリターンの取引は避けるべきではないか、というのが個人的な考えです。株式投資の場では時折、信じられないような出来事が起きます。また、起こってしまったことについての責任は、すべて自分にあります。何が起きても、他人のせいにすることはできないのです。
　現物投資についても、ある程度の分散投資を図ることが、リスクヘッジにつながる

不要なリスクを負わないために

信用取引は避けよう！

特定の業界等に偏った投資は避けよう！

リスクを管理して精神的負担を減らそう！

でしょう。どの程度にまで分散させるかは、スタイルや資産額などにもよるので、こうだ、と一概にいうのは少々難しいですが、たとえば「今日のあの取引が気になって夜も眠れない」だとか、「相場が気になって気づけば朝だった」、というようなことがあったとしたら、それはあなたにとってリスクの取りすぎではないかと思います。

たしかに、株式投資とリスクは切っても切り離せない関係にあります。ですが、それに気を取られてリスクを取りすぎてはいけません。今、自分がやろうとしていることをしっかりと理解して、取引を進めていきましょう。

株式投資というと、お金を増やすことだけが目的になってしまいがちです。ですが、お金はただ持っているだけでは意味がありません。そういう意味では、お金を使うその先に、いったい何があるのかということを、よく考えてほしいと思います。とはいっても、私も今になっても答えは出ていません。もしかすると、永遠に答えなど見つからないのかもしれませんが、探し続けることにこそ、意味があるのです。

v-com2さんの運用のポイント

POINT 1

成長株+優待株で安定と稼ぎを実現

優待株投資のつもりが意外と上がっていて利益に、ということがよく起きます。加えて、成長株の価値向上が稼ぐコツです。

POINT 2

目をつけるのは昇格前の銘柄

一部昇格は一気に株価が跳ね上がるチャンスです。そのチャンスのカードを持っている企業を見逃さないように、目を光らせておきましょう。

POINT 3

損切りは柔軟な対応で

こちらに都合よく動かないのが株式投資の常です。銘柄の現実と予想が乖離してきたら売る、くらいでよいでしょう。

PART 07

アメリカETFで長期的に資産を築く

たぱぞう
さん

· Personal Data ·

居住地	神奈川県
性別	男性
年齢	40代前半
職業	会社員
投資歴	18年
運用資産	7000万円

アメリカETFに投資する兼業投資家に

私は現在、人材開発の組織に勤務しつつ、投資顧問にてアドバイザーも務める、兼業投資家の1人です。特徴的なのは、主にアメリカ株を扱っていることでしょうか。

株式投資を始めたのは今から18年ほど前のことです。もともとは通信インフラ関係の会社に勤めていたのですが、そのときは現在の組織に転職したばかりでした。初めての株式投資に充てた資金は転職した会社での初任給でした。額としては25万円ほどです。せっかくの初任給を……、と思う方もいるでしょうが、私の感覚では投資することが当然、という感じだったことを覚えています。

私の父と祖父は、私が幼い頃からずっと株式投資をしていたのです。初任給を投資に回すことをためらわなかったのは、父と祖父の姿を子供の頃からずっと見ていたからだと思います。

株を始めた当初からアメリカ株に投資していたわけではありません。経験を重ねていくうちに成功も体験し、また、いくつかの失敗もありました。その過程で、私なりの株式投資の最適解を見いだしました。それがアメリカ株だった、ということです。外国株というとハードルが高く思われがちですが、そんなことはありません。むしろ、日本株よりも手堅く稼げる、よりよいフィールドだと思っています。誰でもできます。

お勧めしない逆張りと成長市場アメリカ

私の以前のスタイルというと、株価が下がってきた銘柄を買い、上がってきたら売る、いわゆる逆張り投資をメインにしていました。逆張りですと、当たったときの儲けが大きいため、自信があるのなら比較的稼ぎやすい方法かもしれません。ただその半面、当然ではあるのですが、当たらなかったときのリスクも大きいです。

そのため永続性において、危機感を持っていました。実際、ある程度資産が増えてきたときに、そのようなハイリスク・ハイリターンの投資法からは手を引きました。そのときの資産額はおよそ5000万円ほどでした。

そこまでの資産額になると、必然的に出入りするお金もそれ以前とは比較にならないほど大きな額になります。そのため、給与からの補填《ほてん》が難しくなるのです。そういうリスクを考慮して、このあたりから、攻めというよりは守りの投資に入りました。

また、当初はごく普通のバリューと思われる日本株を買っていましたが、そこからアメリカ株に移った決定的な出来事といえばリーマンショックでした。保有していた銘柄が軒並み大暴落し、かなりの痛手を被りました。

しかも、リーマンショックの発端であるアメリカ本国よりも日本のほうが、ショックからの立ち直りが遅かったのです。これはズバリ日本とアメリカの成長力と、株式を尊重する文化の違いである、という結論に至りました。

アメリカは日本の2倍以上の人口を抱えています。それだけでも市場規模的には大きなアドバンテージがありますが、そこに加えてアメリカは日本よりも出生率が高く、

■人口増のアメリカは伸びしろがある

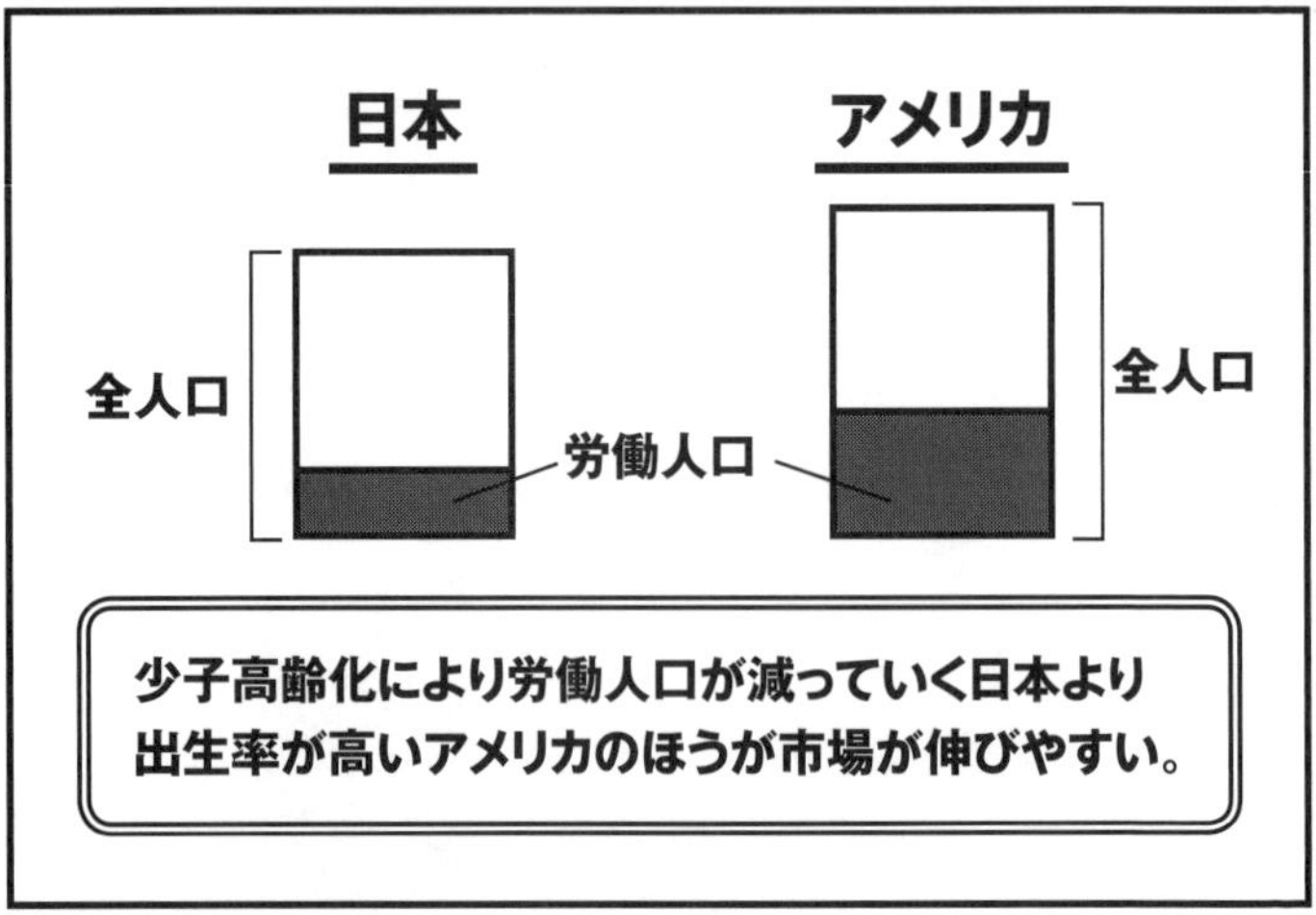

移民が多いです。つまり、現在も順調に人口が増え続けているということです。結果的にこれは労働人口の差、消費の差など経済の差につながります。

また、株式の価値を高めることにも熱心で、典型的なのは自社株買いでしょう。粉飾会計や各種不正があったり、人口が減る一方だったりする日本経済はプロ向けの相場であり、非常に難しくなっています。短期投資などをやる分にはこの限りではありませんが、中長期的な視点ではアメリカはとても魅力的な国です。買い持ちしておけばよいからです。

もし、何かアメリカにマーケットを持ち、ご自身がよく知っている企業があるのならば、その企業に投資するというのも悪くないでしょう。もちろん財務的に悪くなく、経済的な濠のある企業であるのが望ましいですね。

ですが、最初にアメリカに投資する時に、よりおすすめなのはETF（上場投資信託）です。なぜなのかは後述しましょう。

ETFの優位性

私がおすすめしているのは米国株ETFです。ETFは株式の集合体です。少なくても数十銘柄、多いと数千銘柄から一つのＥＴＦを組成します。そのため、個別株にありがちな倒産リスクがありません。数千社も一気に倒産することはないですからね。

つまり、ＥＴＦでは個別の企業がどうなる、ということをあまり考える必要がありません。重要なのはその市場がどうなるのか、ということです。

そう考えると、やはり、アベノミクスによりバンバンＥＴＦ買いをして下値を切り上げた日本市場は、何が正解か見極めるのが難しくなっています。個別の企業によっては買えるものもありますが、そのためには個別株研究が欠かせません。上手い人には魅力的な相場、それが日本市場です。

その点、アメリカ市場は右肩上がり、シンプルです。例えば日経平均株価連動ＥＴＦに投資するよりは、アメリカ市場のＥＴＦに投資したほうが、確実性は高いですね。市場全体が上がるからです。

例えば年齢の若さは投資においても大いに武器になります。時間が買えるからです。ＮＹダウやＳ＆Ｐ５００、あるいはＮＡＳＤＡＱといった米国の有力株式指数がどのような伸びを示してきたのか、それを改めて調べてみるとその差は歴然です。若いということはこういう未来に賭けられるということです。

もちろん、米国の成長株や小型株を積極的に狙ってみるのも手です。アメリカ個別株で

■ETFと個別株

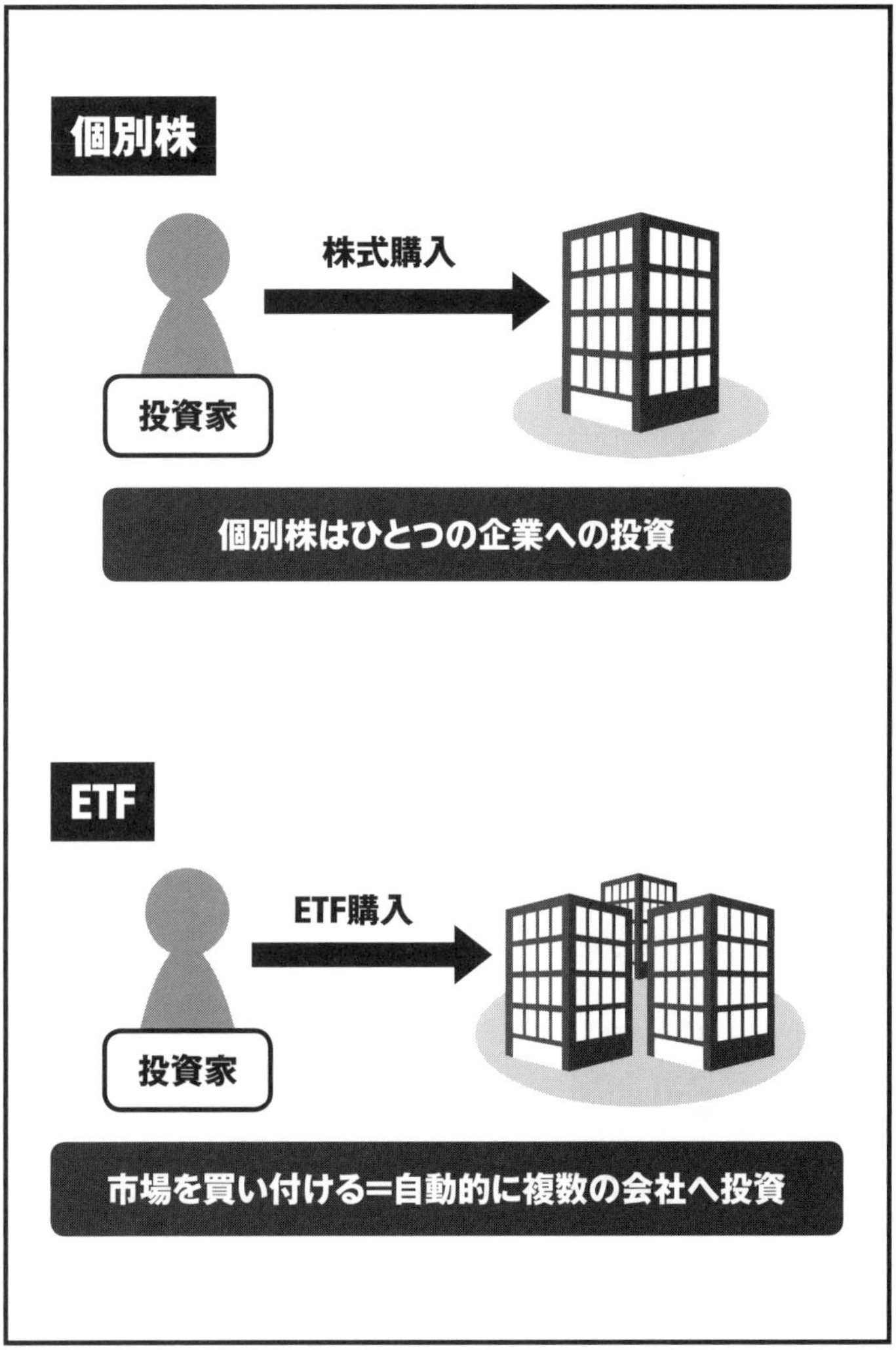
個別株
株式購入
投資家
個別株はひとつの企業への投資
ETF
ETF購入
投資家
市場を買い付ける=自動的に複数の会社へ投資

短期投資を行うのは、少々難易度は上がります。しかし、この20年でも、例えば「FANG」と呼ばれる、Facebook、Apple、Amazon、Googleといった企業が大いに値を上げてきました。自分が見通しやすい企業を見つけて、長い目で保持し続けてみるのがよいかもしれませんね。

ある程度のところまで資産が大きくなってくると、これまでの投資方法から脱却するか、それともリスキーな投資からより安全を求めてスタイルを変えるか、というところで悩む人も出てくるでしょう。

私も多分に漏れず、長期投資家に転向したわけですが、この考え方についても、人によって回答はさまざまですね。

その企業は唯一無二のサービスを提供しているか

独自性の高いサービスを提供している企業を選ぶのは良い視点でしょう。競合が少なければ、その会社は安定して利益を出すことができるからです。例えばVISAやマスターカードなどは、世界的な決済システムを構築しています。このような企業は安定した利益を生み出します。以前は気になる企業をしばらくチェックしておいて決算などの動きのあるタイミングに購入する、という手法をとっていました。

ただ、今ではあまりこのタイミングを計って購入、ということは以前ほどしていません。あまり細かいことは気にせず、欲しい銘柄は買いたいときに買ってしまうということもあります。この10年近く米国株は上げ続けていますから、待っているとたちまち上がってしまうということの繰り返しになっているからです。

VTIとS&P500連動ETF

ETFは数十銘柄から数千銘柄に及ぶ銘柄の集合体です。さらに債券などもトッピングすることができます。アメリカのETFでいうと、運用している会社はバンガード、ブラックロック、ステート・ストリートの3社が代表的です。

S&P（スタンダード・アンド・プアーズ）500に連動するETFが人気を占めていますが、私が最もおすすめしたいのは前述した「ヴァンガードトータルストックマーケットETF」です。このバンガードのETF（以下、VTI）はアメリカの株式市場をほぼまるごと網羅しています。

とはいえ最も人気があり、運用総額で圧倒的なのはＳ＆Ｐ５００に連動するＥＴＦです。例えばバンガードにもＶＯＯという、Ｓ＆Ｐ５００に連動するＥＴＦが存在しています。ブラックロックだとＩＶＶですね。スパイダーだとＳＰＹです。ブラックロックとスパイダーのものは、それぞれ各社で最も大きい運用総額になっています。ＳＰＹの運用総額は30兆円を超えます。これらも分散性に富んだ、良いＥＴＦですね。

ＥＴＦの魅力は、個別銘柄の投資ほどの企業研究が必要ないこと、そして買った瞬間、自動的に分散投資が図れることです。

繰り返しになりますが、アメリカ市場はどんどん成長しています。短期的に大きく稼ぎたいということであれば、個別株での短期取引もありでしょう。しかし、もし10年や20年、あるいはそれよりもっと先の将来を見据えて投資をするというのなら、そして手間いらずを狙うならばＥＴＦをおすすめします。個別株と違って、誰でも容易く買えるというところ、深い企業研究をしなくて良いというところが強みですね。だから、誰にでもお勧めできるとも言えます。

その投資に永続性はあるか

私が株式投資の世界に入り、最初に大勝したのは2003年頃でした。投資先はみずほ銀行です。この当時は、今でいうところのメガバンクが発足し始めの頃でした。私は、みずほ銀行が傾くようなら本当に日本が終わるときだろうと考え、みずほ銀行へ集中投資したのです。今にして思うと、これは浅い考えだったなと反省しています。

結果的には、大反発でとても大きな利益を手にすることができたわけですが、今になって思うと実に恐ろしい投資をしていたな、と実感しています。私がみずほ銀行を買い始めた頃に、後出しじゃんけんの増資発表があったので、なかなかに危険な橋を渡っていたといえるでしょう。

個人的な話ですが、この頃からどうも日本株を信用しなくなったような気がします。強烈な後出しジャンケンが続くと、数字による判断に揺らぎが出るからです。

とはいえ投資である以上、リスクを100％避けるのは無理な話です。できる限りリスクは取りたくないし、取るべきではありませんが、投資とリスクは切っても切れない関係です。特に、大きな成功体験はリスクを鈍麻させることがあります。

どこか特定の企業に投資して、莫大な利益を得たとしましょう。すると、その後も儲かると思ってその企業に投資し続けてしまう。しかしある時、いきなり悪決算になり急落する。ということもあります。安定的な業績の企業はこういうことは少ないです。しかし、やんちゃな決算を出しているところは、値動きも激しいです。それが魅力でもあるのですが、常に勝ち続けるのは難しいですね。私がかつてやっていた逆張りというのはこういう値動きに賭けるものでした。やんちゃ大歓迎だったのです。

〝やまない雨はない〟ように、いつまでも晴れ続ける相場というのもまたあり得ないことです。いくら今、勝っていたとしても、ある地点で一度、冷静にそれが永続的なも

■資産は分散しよう

株だけ　　複数の金融商品に分散

暴落やショック安などを考えても、一点に集中投資するのはおすすめできない。何が起きても対処できるようにしておこう。

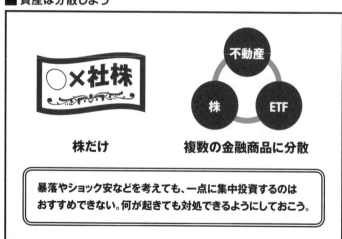

のなのかどうかを考えることですね。そこから先も勝ち続けられるかどうかは、誰にも分かりません。最近で言うならば仮想通貨が良い例でしょう。

私はそんな思想のもとで取引していますから、損切りする時は、わりとあっさり行います。想定外に決算が悪かった時、その会社の事業に将来性が見いだせなくなった時も同様です。私の場合は、上げ相場で買った銘柄が買値まで落ちてきた場合、一度、全体を見直して同値撤退する場合もあります。その他にも、思ったよりその銘柄が上がらず、他にもっとよさそうな銘柄が見つかった、という場合も同様です。上がらない銘柄はさっさと売り飛ばして、新しい銘柄を買ってしまいます。個別株はこういう取引になります。

しかし、ETFならば永続的に持ち続けることができます。長期で上がることがある意味では分かりきっているからです。

いずれにせよ、リスクは人の心からもたらされる、ということは間違いないでしょう。熱くなりすぎたな、と思ったら少し株から離れてみることです。別の趣味で気分転換でもしてから、また戻ってくれば良いのです。

大きなリターンはないですが、こういったリスクが比較的避けやすいのが米国株ETFへの投資です。ただし、リスクはゼロではもちろんありません。

良いものに　続けて長く　投資する

とりあえず今は、株式相場の調整に備えて、資産の分散を図っているところです。私の場合、長く投資を続けた結果、ある程度資産が大きくなったというのが大きな理由です。失敗した際の補塡が難しくなるほどの資産額になると、一点集中する投資法では退場の危険があります。逆に、少ない資産ではむしろ、集中投資をしないと儲けるのが難しい部分もあります。しかし、その結果ある程度の規模になってきたので手法を変えたということです。こうなると改めて違う銘柄に投資するのも良いですし、挑戦してみる気があるのなら、株以外の金融商品でもいいでしょう。いずれにせよ、一発退場のような事態は避けなくてはなりません。負けにくい資産形成を目指すということですね。いつそうなってもいいように、準備しているのが今、というところです。

といっても、アメリカ市場が崩壊することはほぼないでしょうから、投資先としてこれからも魅力的な国であり続けると、私は思っています。コア投資はアメリカ株ですね。

投資家にとって2000年代はまったく報われにくい時代でした。リーマンショックやら何やらでダメージを受けたこともそうです。しかし、今では退場せずに投資家として居続けていてよかったと思っています。

投資とは人生の選択肢を増やしてくれるものです。それを今になってつくづく実感しています。実際、今は会社のみに頼らない生活が実現できているからです。おそらく、投資を始めて苦しい期間は総資産額が5000万円以下の状態ではないかな、と思います。

5000万円以下だと節約を意識しないと、なかなか投資に資金を回すのも難しいでしょう。実際、私は家賃補助付きの賃貸物件に住み、車ももらい物でまかなうという生活を15年ほど続けていました。しかし、5000万円の壁を超えると、資産が増えるスピードが一気に上がっていきます。そこを耐え切ったなら、その先には間違いなく違った景色が見えます。投資家になって明らかに心の余裕が生まれたと私は実感しています。

よいものに、続けて長く、投資する。そして分散する。決して面白みがあるといえる方法ではないかもしれません。ですが、資産が大きくなるにつれて、より効果を発揮してくれる投資方法です。

たとえ、会社がどうなろうとも、市場がどうなろうとも、一点集中せずに分散していれば、退場はせずに済むでしょう。

自らの心をコントロールできれば、自ずとリスクもコントロールできるということです。

たぱぞうさんの運用のポイント

POINT 1

アメリカ市場一本

経済的にマイナス面を多く抱える日本に対して、アメリカ市場は明るい。より稼げるほうを、といわれたら、それはアメリカ市場です。

POINT 2

ETFが最も簡単・手堅く稼げる

個々の企業の研究が必要な個別株と異なり、市場そのものに投資するETFは個別株よりも動きが読みやすいメリットがあります。

POINT 3

ものごとは一歩引いた目で見よう

いつまでも勝ち続けるというのは、そうそう起き得ることではありません。のめり込みすぎずに冷静な思考を保ちましょう。

PART 08

お小遣い稼ぎから専業投資家へ

ゆず

さん

・Personal Data・

居住地	**関東地方**
性別	**男性**
年齢	**30代**
職業	**専業投資家**
投資歴	**6年**
運用資産	**非公開**

プラスアルファのお小遣いが欲しくて投資家に

私が株式取引を始めたときはまだ、ごく普通のサラリーマンでした。当時は特別お金に困っているということはありませんでした。それなりの給与をいただき、貯蓄も人並みくらいにはあったのではないかと思います。

ただ、給与以外の面でも収入があれば、今よりももう少し欲しいものを買ったり、もう少し贅沢もできるようになるんじゃないかな、とは考えていました。株式投資をやるようになったのは、こんな思いからです。

その当時の元手はおよそ300万円ほどでした。幸いなことに、株をやり始めて1年目に大きな利益を出すことができました。今も退場せずにいられるのは、このときに勝った経験があるからでしょうか。

普通に会社に勤めて、給与をもらうだけでは、投資で手にするほどの収入を得ることは難しいでしょう。もちろんリターンが大きい分、リスクも大きいのですが、投資で勝つには、そのリスクコントロールをどれだけうまくやれるかに、かかっているのではないかと思います。今、投資で勝ち組に入っている人は皆、そのリスクをうまく抑えられた人たちです。投資を続けられるかどうかは、とにかく損害を小さくすることにかかっていると思いますね。

業界を絞った一点集中スタイル

私の基本的なスタイルは、いわゆる中長期投資です。他の投資家と違う特徴的なことといえば、投資する対象の企業をゲーム業界に絞っているという点でしょうか。

ただ、株を始めた直後から今のやり方を確立していたわけではありません。かつては、特に時間軸や投資対象の企業などを絞らずに、いろいろな手法で投資していました。その試行錯誤のうちに、このスタイルに行き着いたというような感じです。

もともと私は、ゲームが好きでよく遊んでいました。自分の知識のある業界、会社というのはやはり、今の状況を理解しやすいですし、それに連動して、今後どうなるのかの予測もつけやすいです。そのため、私は自分で自信があるゲーム業界へ投資対象を移していきました。

やはり、私にとってゲーム業界は自分の知識があるところなので、ゲーム会社の決算書

■自分の知識を活かして戦おう

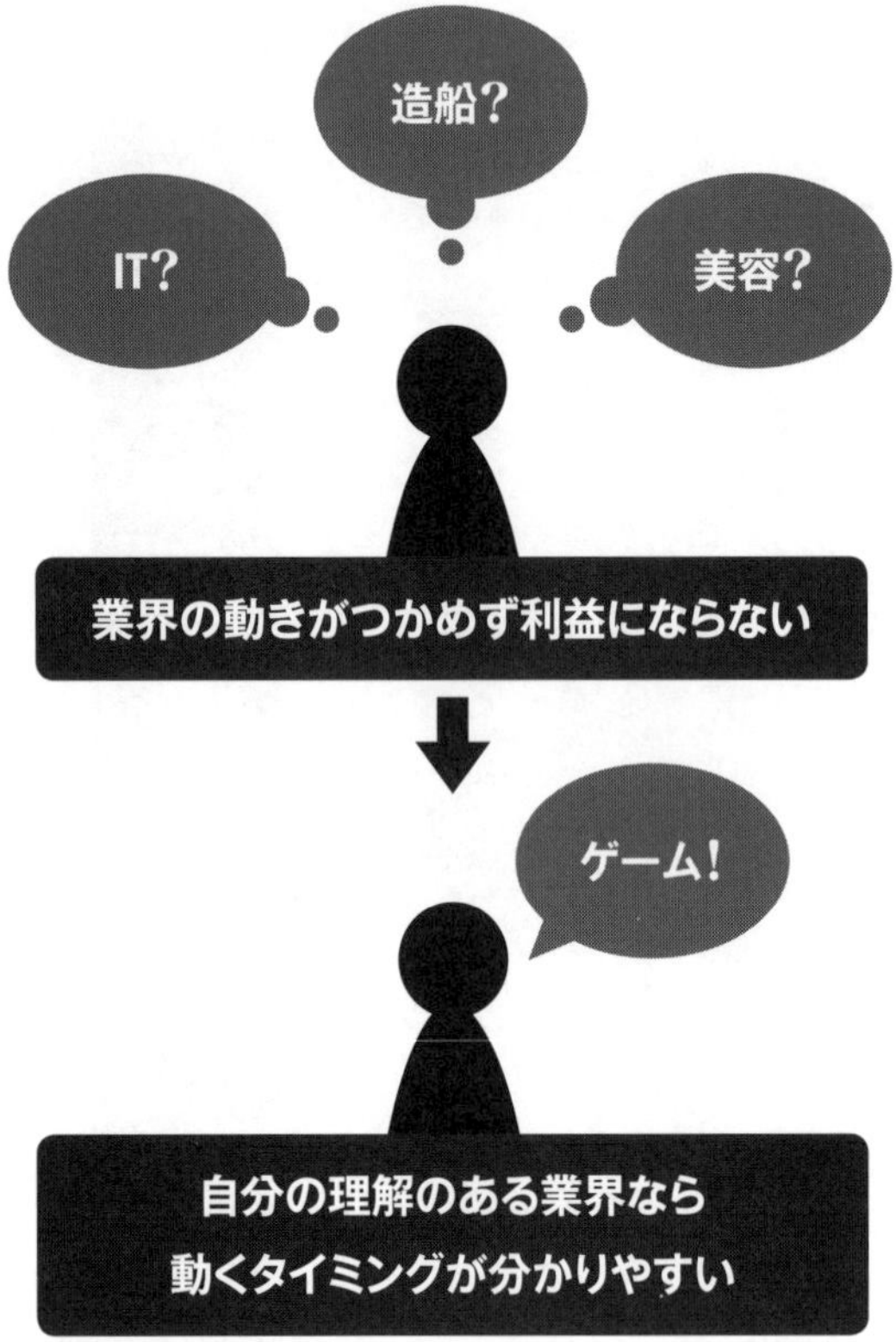

よく分からない業界より
自分の知識のあるところで戦おう！

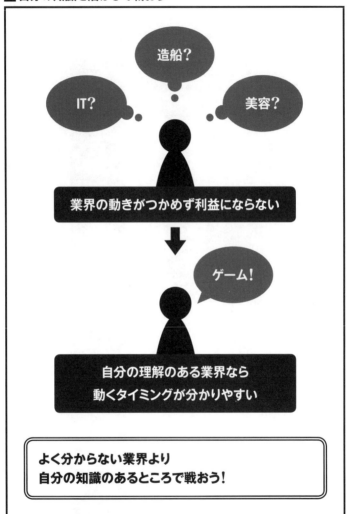

は分析しやすいですし、材料を精査する力も他の投資家より強いと思います。これらは私の最大の武器といってもいいと思っています。

ただそれは決して、大きな勝ちを常にもたらせるということではありません。負けるときはやはり負けます。では、いったい何がメリットにつながっているのかというと、「負けにくさ」です。

多少、損失を被ることがあったとしても、大敗を喫《きっ》することはほとんどありません。それはゲーム業界のことはよく分かっているので、やってはいけないことも、よく分かっているからです。

リスク（＝負けること）を可能な限り排除していけば、いつか大きなリターンとなって返ってくることが必ずあるのです。つまり、多少の浮き沈みはあるにしろ、勝てるときには大きく勝って、それ以外のときにはとにかく負けないことに徹する、というのが私の投資スタイルの大きな考え方です。

例外的に、大きなショック安など予測不可能な事象が起きた場合や、買い入れたときに想定もしていなかったような悪材料などが出た場合には、早めに対処することで、できる限り被害を防ぎます。

私の場合は、ゲームが大好きということからゲーム業界をメインに投資していますが、どんなことに詳しいのかというのは、やはり人それぞれです。株式投資を始めた、ということは、どんな事情にせよ、資産を築きたいからではないでしょうか。

ひとつくらいは自分の得意なことがあるはずです。それを投資につなげることができないか、考えてみましょう。資産を築いた上級投資家たちを見れば、やはり自分なりのスタイルを持っています。より高いレベルを目指すには、自分のスタイルを確立させることですね。

投資は計画的に

買い入れるために確認する指標は、人それぞれにあるのでしょうが、私の中で買い入れる判断基準のひとつを形成しているのは、株価です。中長期投資がメインですから、短期的なチャートの動きなどは正直なところ、あまり重要とは思っていません。

具体的な手順としては、まず期の始まりから分析をスタートします。今期の業績予想を事前に自分で算出し、その業績を基にして、現在の株価が割安か、割高かを検討します。

次に、その銘柄をどの程度の期間、保有するのかを検討します。○カ月間保有するとして、どのあたりでその銘柄が安くなるのか、その見当をつけるのです。

完璧には無理かもしれませんが、なるべく底値で買って、なるべく高値で売りたいですから、株価の動きは慎重に検討すべきでしょう。ただ、思ったよりその銘柄が値下がらなかったり、下がったとしても、そこまでは出したくないな、という株価にしかならなかった場合は、いさぎよくその銘柄は見送ります。

なお、オンラインゲーム業界の特徴として、年末や、夏休みなどに、ゲーム内でイベントが開かれます。このときには、そのゲームを運営している企業の銘柄が一気に急騰することがありますから、そのタイミングでさっと買うこともあります。

株をやり始めたけど、何となくまだモヤッとしていて、株式投資の全体像がつかみきれていないという場合は、まず勝ちに行くというよりは、理解するという方向へシフトしたほうがよいのではないかと思います。

たとえば、チャートの読み方などのテクニカル分析の勉強や、決算書、バランスシートなどの読み方を勉強するのもよいでしょう。会社ごとに、どんなビジネスモデルを持っているのかを読み取ることも大事です。同業他社を比較して、どちらがどの点において優れているのか、また、劣っているのかを比較するのも訓練になりそうです。

それを理解するために、まず自分の好きな企業や、詳しい業界の企業の株を実際に買っ

■自分なりの予測を立てて投資しよう

今後の業績はどうなるか

↓

それを基にして今の株価が
割安か、割高かを検討しよう!

↓

もし買いの銘柄なら……

↓

どの程度の期間保有するかを考える
内容次第では株価に大きな変化を
もたらすこともある

きちんと計画を立て、それに従った行動を
起こすことが大事。
買う前にはきちんと計画を立てよう。

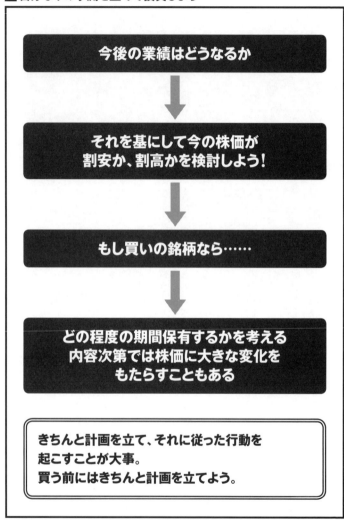

てみましょう。これは、その銘柄で利益を出そうというのではなく、企業・市場の動きを理解するための実験モデルとして考えてください。ある程度の期間保有して、株価の動き、市場の動向をつかめるようになったら、実際に利益を出すための銘柄選びを始めるのです。

慣れた人だと、短期間で株価が大きく変動する、テーマ株を狙いに行く人もよくいます。そのような銘柄にしても、ビジネスモデルがよく分からない企業や、自分があまり興味のない業界を省いて投資していくと、安定した利益を狙うチャンスが生まれるのではないでしょうか。

ポイントとしては、買い入れる前に予定を立てておくこと、自分が理解できる業界・企業へ投資することです。これらを守れば、大勝を保証するのは難しいですが、少なくとも大損害を被るということは、そうそう起き得ないのではないでしょうか。

情報と株価を見極めよう

利益確定の情報を得るには、私の場合、ニュースやＩＲを多用しています。ポイントとしては、その企業にとってのよい材料が出たかを見ています。

前述の通り、私はチャートを重要視する取引をしていません。すべては期の始まりに予測を立てるところから始めています。まず、その企業に関する情報はできる限り収集します。その情報から株価がどう動くかを判断し、次いで現在の株価と照らし合わせて、どうなるだろうかという流れで検討します。

個人的な話ですが、その材料が今の時価総額などの指標に対して、割安かどうかについての判断力は人一倍持っているつもりなので、この分析方法には自信を持っています。この分析で、いけると判断したときは、私は自信を持って買いに行きます。

過去に、スマホゲームを作っているブランジスタの株で大きな利益を挙げたときも、以前から私はその動きを予測していました。2016年頃に新サービスの発表があったときに、一気に高騰したのです。同社の場合、以前から新サービスの情報が出るたびに株価が上がる傾向にあったので、正式発表のタイミングを待っていたのですが、案の定、発表時には一気に上がってくれました。

どんな業界で投資するにしても、その業界で何が好意的に受け入れられて、何が否定的な目で見られるかの感覚を身につけていることが大事です。ただゲームをやり込むだけではなく、業界・ユーザー全体を見渡すような視点を持つように心がけるとよいでしょう。

また、取引していると、どうしても損切りしなくてはいけない状況に陥ることもあると思います。あくまで私個人の意見ですが、損切りしなくてはいけなくなるのは、だいたい次に挙げる2パターンではないでしょうか。

1. 買い入れたときの値段が高すぎる
2. その銘柄が今後、どうなるかを考えずに何となく買っている

これらふたつが、損切りしなくてはいけない状況に陥ってしまう引き金になるのではないでしょうか。しかし、いずれも買う前によく考えることで十分に回避可能な状況であることは確かです。

1番に関しては、まず株価の落ち着きどころをしっかりと見極められれば、損切り

■いちばん避けるべきは「退場」

退場にならないように……

過去の株価はしっかり確認しよう

- だいたいの底値が分からないと、売るタイミングの判断は困難です。
- 過去の底値から予測をつけられるように心がけましょう

投資する企業のことはしっかりと分かっておきましょう

をしなくても済んだでしょう。これは過去のチャートから底値を確認し、現況と照らし合わせれば、おおよその予測をつけることができるといえます。

2番は、まずしっかりとした企業調査をするべきでした。買おうと判断したのなら、それなりの考えがあってのことだと思います。ただし、どうしてその銘柄が上がると思ったのか、上がると判断した材料はいったい何なのかを、自分に問いかけましょう。はっきりとした答えが自分の中で出ていないのならば、その銘柄からは手を引くべきです。

買いに行くのは、その企業をしっかりと分析し、自分なりのその企業のシナリオを打ち出せたときにしましょう。

私は、思いっきり負ける、ということをあまり経験したことがないのですが、一応過去には、持ち越した銘柄が連続ストップ安という、苦い経験も持ち合わせています。そういうときには一度、取引から離れて休息を取るようにしています。

以前は、負けた分を取り返そうとして必死に食らいついていたのですが、そんな精神状態ではうまくいくはずもなく、余計に資産を減らす結果となってしまいました。無理にどうこうしようとしても、必ずボロが出ます。そんなときは休むこともリスクコントロールのひとつです。

人生の幅を広げる株式投資

メディアや、アナリストの方などが発信する情報は大いに役立つのではないでしょうか。私も今後の相場を見る上では、そうした情報から考えています。また、最近ではやはり、ツイッターも貴重な情報源のひとつになりました。そうした積極的に発信する方々の相場観は、大いに参考になると思っています。

ただ、その一方で重要なのは、相場の予測ではないと思っています。実際のところは、相場の予測よりも、日々の相場に対して自分がどう対応していくのか、というところだと思います。いくらうまく予測できたとしても、実際の対処法が伴わなくては、せっかくの予測も役には立ちません。相場を予測すると同時に、もしそうなったら、自分はどうするか、ということを考えていかなくてはいけないでしょう。

そもそも、私のように中長期投資をするのならば、日々の細かい動きに一喜一憂することはあまりおすすめしません。より大きなスケール、長い目線で相場を見て、自分が当初に予測したシナリオ通りになるかどうかを見守るようにしたほうが、うまくいくでしょう。

株式投資のよいところは、世界の動きが見えるようになることです。私も長年、投資の勉強を重ねてきて、経済、個々の企業、日本や世界のことが、昔よりもより鮮明に捉えられるようになったと思います。いろいろな知識を広げられることは、株式投資の醍醐味《だいごみ》のひとつではないでしょうか。

それに、多くの人にとって、働いて得られるお金というのは決してたくさんではないと思います。近年では年金問題など、将来に対する不安も増大しています。そうした観点からも、資産は多いに越したことはありません。

自由にできるお金が増えれば、やりたいことができるようになるし、欲しいものも買えるようになります。文字通り、人生の幅が広がるのです。

相場はいいとき、悪いとき、そのどちらもあります。いいときは、大胆に行動し、しっかり稼ぐ、悪いときには慎重に行動し、負けないようにする。あまり勝てなかったとしても、それは将来の糧にするための勉強の時間だと思えば、すべてが無駄なく過ごせるでしょう。

回数を重ねなくても、1年に1度だけでも大きく勝つことができたのならば、複利効果で、あなたの資産は雪だるま式に大きくなっていくでしょう。慌てず焦らず、大きく稼げるチャンスを待って、いざそのときに備えておきましょう。

ゆずさんの運用のポイント

POINT 1

知っている業界に投資しよう

ゲームやIT、前職の業界など、何でも構いません。その投資先の動きを予測できるということがいちばん大事なことでしょう。

POINT 2

計画を立ててから投資しよう

その業界ではいつ頃、どんな理由で動きが出そうか。そのときどんな行動に移るか。期始めにすべての計画を立てましょう。

POINT 3

予測に頼りすぎない

アナリストなどの予想は役に立ちますが、実際に重要になるのはそのときに行動できるかどうかです。予測をつける一方で予測した先でどうするか、臨機応変な対応ができるように準備しておきましょう。

用語解説

バランスシート　ばらんすしーと

貸借対照表ともいわれる。ある時点でのその企業の資産状況を表すシート。多くの場合、決算期に発表される。向かって左側には資産を、右側には純資産と負債が表示される。会社に負債があるのは当たり前だが、あまりにも額が大きすぎるのは危険な証《あかし》の場合も。これの見方をマスターできれば、その会社の経営状態が簡単に把握できるようになる。なお、左側の資産は、右側の純資産と負債を足した額と一致していなければならない。

ビジネスモデル　びじねすもでる

その会社が利益を生み出すためにどう動くかという構造を示す言葉。企業が製品を生み出し、顧客がそれを買うことで企業は利益を挙げるという一連の流れを表したものを指してビジネスモデルと呼ぶ。優れたビジネスモデルを持つ会社を見つけ出すことができれば、必然的に出資者である株主も利益を手にする。割安株投資の場合は、特に注目されていない段階からそうした企業を見つけることができれば、利益を手にできる可能性が高まる。

PART 09

投資の判断は企業の「過去」にあり

AKI
さん

・Personal Data・

居住地	四国地方
性別	男性
年齢	40代
職業	兼業投資家
投資歴	18年
運用資産	7000万円

投資法はすべて他人から学んだ

株式投資を始めたのは、成長株というものに関心を抱いたことがきっかけでした。当時は、ヤフーやセブン‐イレブンなど、会社の成長により株価が１００倍近くまで上がった銘柄があったのです。

株式投資について、さまざまな書籍を読みましたが、それらに書いてあったことは、今でも株式投資の方針の根幹を担う考えとして、私の中に流れています。

私の投資法は強いていえば、自分で考え出したものというよりは複数の書籍から学び得た投資法の、よくいえば合わせ技、悪くいえば真似たものといえます。真似というとあまりイメージがよくないと思う方もいるかもしれませんが、アイデアとは得てして、これまで見聞きしたものから生まれるものです。強引な言い方をすれば、この世の中のものはすべて模倣だといってもいいくらいです。

ことに、株に限らず投資の世界は、先人の発想を学ぶことが、生き残る上で非常に重要であるといえるでしょう。なぜならば、その考えや手法は、有用なものだからこそ、今に至るまで残っていると考えられるからです。

儲けるためにいちばん大事なことは、大敗を喫さないという一点に尽きるといえるでしょう。私は単純に株式投資が楽しいと思っているので続けてきたという部分もありますが、負けてしまっては元も子もありません。今後も投資で生き残りたいのならば、ぜひとも他人の考えを盗んでください。自分の中で使いこなせるのならば、それに越したことはないでしょう。

成長株＋割安株で資産を増やす

私の株式投資のスタイルは、割安で、かつ成長株に投資することです。もっとも、株式投資を始めた当初は、成長株にのみ投資していました。割安であることをあまり重要視していなかったのです。たとえ、割安でないにしても、成長が見込めるのならば、その分で十分に利益を得られると思っていたからです。

しかし、そんな私に転機が訪れました。ウォーレン・バフェットの存在を知ったのです。地球上で最も裕福な人間の1人ともいわれ、投資持株会社バークシャー・ハサウェイの創業者でもありCEOでもあることは、みなさんもよくご存じのことではないかと思います。

バフェットの資産額は日本円にして9兆円近いとのことですが、その彼の投資基準こそが「割安である」ことだったのです。

　バフェットは自身が投資する基準について、事業の内容がよく分かること、その企業が長期的に業績を保てること、経営者に能力があること、そして、価格が魅力的であること、という4つの基準を挙げています。

　このうち、4つ目の「魅力的な価格」こそ、割安な株であるかどうか、ということになります。AとB、共に魅力的な企業であったとして、一方はPERを計算してみると割高で、もう一方は割安なようだ――と考えると、伸び率を期待できるのは割安な銘柄です。後々に自分が得る利益を考え

■バフェットの投資基準

① 事業内容がよく分かること
② 業績が長期的に安定していること
③ 経営者に能力があること
④ 株価が魅力的な値段であること

るのならば、割安な銘柄に投資したほうがオトクなのは目に見えています。

また、バフェットには独占的な市場を持つ企業に投資するべきだという持論があります。バフェットはザ コカ・コーラ カンパニーの筆頭株主であることは有名ですが、それは世界中で飲まれているコカ・コーラがある日突然売れなくなることはないだろう、という理由からです。

よいと思える会社を割安な株価で購入することは最重要です。ですが、私は前述のバフェットのエピソードから、ひとつの指針を導き出しました。それは「誰の目から見てもよいと思える会社に投資する」ということです。

どう探せばいいのかと思われるかもしれませんが、よい会社というのは、少しその会社について調べるだけで、案外見えてくるものです。逆に、いくら調べてもまったくよいと思えるポイントが見つからない会社ならば、それは本当によいところがない企業であるといえるでしょう。そのような会社に投資することはおすすめできません。よいところがあれば、会社もその部分を強調したがります。それがないとなると、その会社の先行きは厳しいものとなるでしょう。

■成長＋割安が稼ぐ秘訣

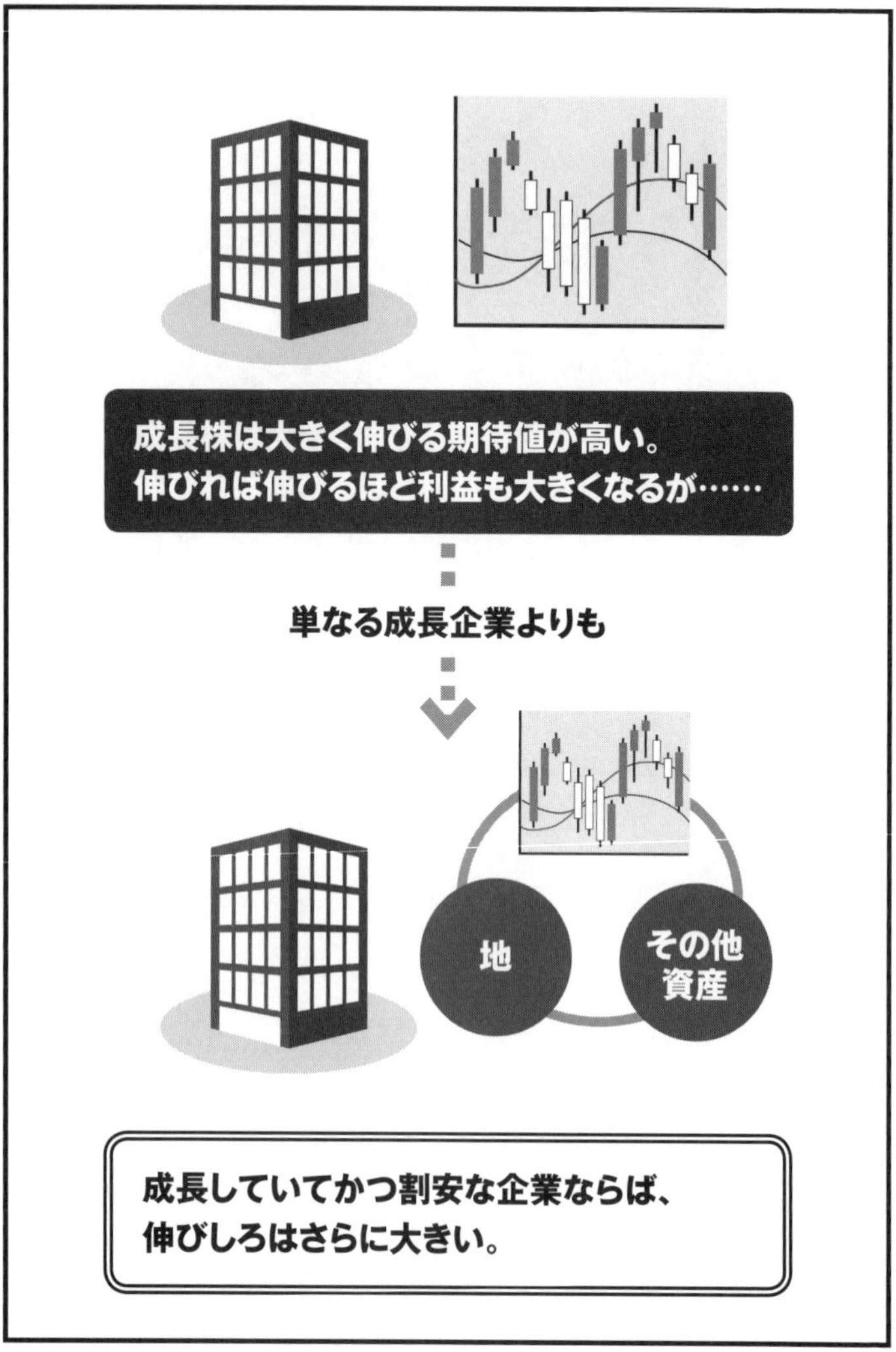
成長株は大きく伸びる期待値が高い。
伸びれば伸びるほど利益も大きくなるが……
単なる成長企業よりも
地
その他
資産
成長していてかつ割安な企業ならば、
伸びしろはさらに大きい。

注目すべきは「過去」

銘柄を選ぶためによく確認しておくべきことは、PER、業績、上昇トレンドにあること、が主なポイントです。とはいえ、そもそもどんな業界から手をつけたらいいのかよく分からない、という方もおられるかもしれません。そこで立ち止まってしまう方も多いようですが、まずは自分がよく知っている業界に手を出すことです。

何をしているのかよく分からない企業の株を買ったとして、その後の業績を予測できるでしょうか。「いや、絶対にこうなる」と、そのような確信があるのであれば問題はないのですが、多くの場合、よく知りもしない企業の行く末など分かったものではありません。ですから、とりあえず知っている業界に目を向けてみましょう。ご自身が現在、勤めている業界、あるいは以前勤めていた業界などでもいいですし、趣味とつながりの深い業界でもよいでしょう。

ただ、私個人としては将来の業績予測はそれほど重要視していません。なぜならば、正直なところ、あまり予測が当たらないからというのが最も大きな理由です。ヘタに未来を予測し、いつまでも含み損を抱え続けるのも危険が大きいため、私は将来よりもその会社

■ 将来ではなく過去に注目しよう

その企業の「過去」に注目しよう

将来

- 予測は外れることも多い
- 判断材料としては不確かな部分が多い

過去

- その会社の過去の実績である
- これまでの業績は普遍の情報だ

＋

PERは20倍以下か？
上昇トレンドにある銘柄か？

不確かな予測よりも過去の実績＋現状を統合して、買いかどうかを判断しよう。

の過去の業績に注目するようにしています。

もちろん、割安株に投資するので、PERも判断する基準のうちに加えます。私の場合、PERは20倍以下を割安株であると判断してトレードを行っています。現状として、PERが20倍以下であり、かつ株価が上昇トレンドにあるのであれば、その銘柄は買いであると思います。

加えて、相場全体の強さも確認しておきます。日経平均株価、TOPIXなどのインデックスが52週移動平均線を上回っているのかどうかを確認します。52週というのは要は1年間なのですが、この指標を確認することで相場が上向きか下向きか、つまり今が儲け時なのかそうではないのかを確認することができます。52週移動平均線が

■ 移動平均線のイメージ

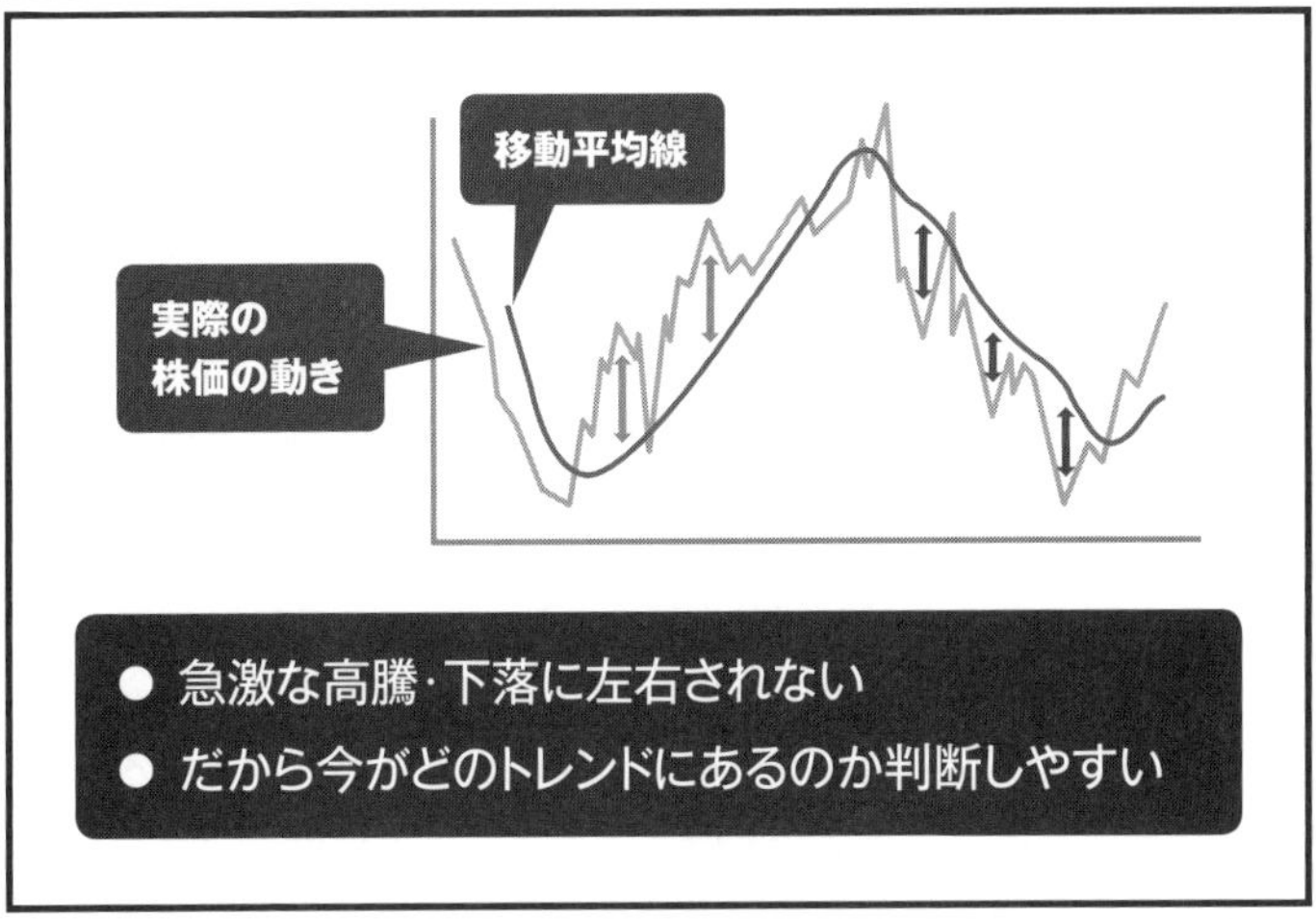
移動平均線
実際の
株価の動き
● 急激な高騰・下落に左右されない
● だから今がどのトレンドにあるのか判断しやすい

上向きならば、ひとつの買い入れポイントと見てよいでしょう。

とはいえ、ときには自分の目でそのビジネスを確かめることも重要な意味を持ちます。ペッパーフードサービスが運営する「いきなり！ステーキ」というお店があります。安価なステーキという新しいビジネスモデルに興味を抱き、実際に足を運んだところ、お店には多くのお客さんが列を作っていました。もしかして、と思い投資してみたところ、半年ほどで株価はおよそ3倍になりました。実際に目にできるものは、確かめに行くことも大事ですね。

ナンピン買いは危険信号

利益確定を判断する材料ですが、私はそのようなものはまったくないと考えています。株価というものは常に流動的なものですし、いくら動きを予想していても、時折、とんでもなく予想外な動きを見せたりするものです。

また、成長株に投資するというのは、その他の投資に比べて高いリスクを負うことになります。本当に成長してくれるかどうかは、実際にそのときが来なければ誰にも分からないからです。「将来こうなるだろう」という淡い期待や楽観的な予測を立てることは非常に危険です。

一度決めた保有期間は守り通すべきだとは思いますが、なかなか上がらなかったり、下がり続けたときの決断は早めにすることをおすすめします。株価が下がり出すと、焦ってナンピン買いをする投資家はとても多いです。しかし、株価が下がっているのなら、下がっている理由は必ずありますから、それも分からずただ反射的にナンピン買いするのは退場への第一歩となりかねません。

私も過去に、下落トレンドになっていたのを無視してナンピン買いを繰り返した経験があります。ご推察の通り、結果は芳《かんば》しいものではなく、見る見るうちに損失がかさんできました。ナンピン買いをし続けても株価が下げ止まることはなく、株価が3分の1まで下落したところで泣く泣く損切りをしました。その後も株価が下げ止まることはなく最終的に、株価は50分の1まで下落しました。この経験から、やはりナンピン買いだけはしてはならない、という教訓を得ることができました。

また、含み損をなるべく抱えないことも重要なリスクヘッジのひとつです。私の場合、含み損が10％を超えるようであれば、その時点で損切りすることを心がけています。10％以上の下落を見せた銘柄には何か悪い材料が隠されている場合があることと、やはり焦って

■下落の理由を見いだそう

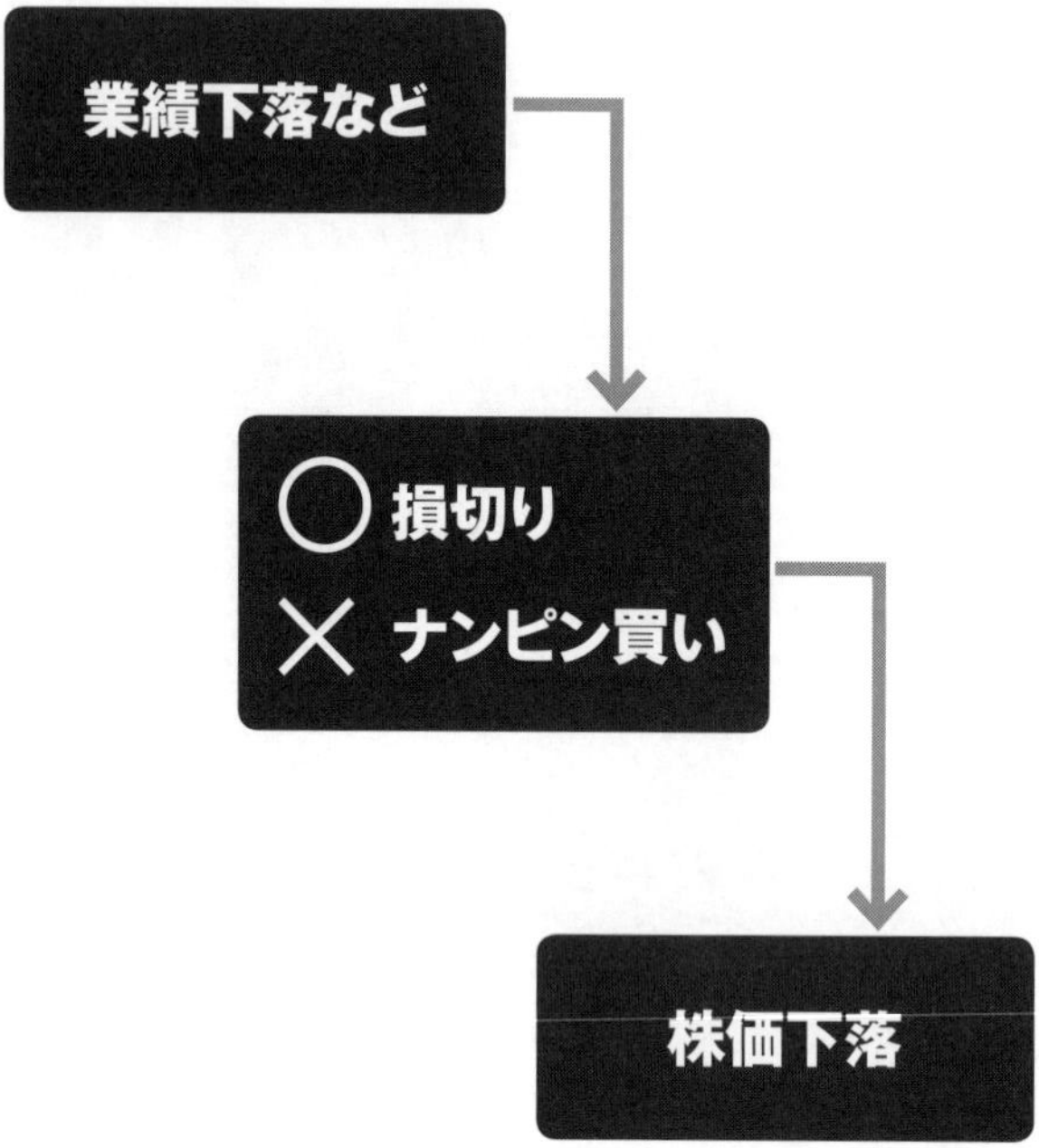

株価の下落には必ず理由がある！
わけも分からずナンピン買いに走るのはやめよう！

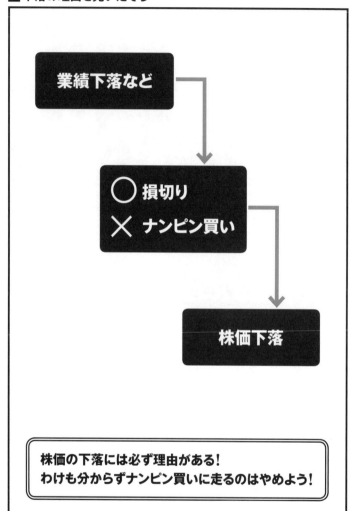

ナンピン買いに走ってしまう危険を防ぐためです。半年以上保有してみて、株価が上がらないようであれば、その時点で損切りします。

同時に、信用買いをしないこともひとつのリスクヘッジとなるでしょう。よほどのことがない限り、信用買いはおすすめしません。万が一、あなたの予測が外れてしまった場合、信用の掛け金によっては多額の借金を負う結果になってしまう恐れがあるからです。株式取引をしている以上、勝ちを狙いに行くのは当たり前の話ではありますが、それ以上に、負けないことも大事なのです。大きな勝ちを狙いに行くよりも、大きな負けを喫さないことのほうが、よっぽど大事なのです。

重要なのは、未来ではなくこれまでの実績

多くの投資家は、相場の予測を立ててトレードを行っているのではないでしょうか。実際、経済誌や投資本でも相場の予測の重要性を説いているものが多いように思います。しかし、私は「相場の予測」という行為に対しては否定的です。

相場とは予測するのではなく、現状に対応していくものだと思っているからです。過去

には、相場を予測していた時期もありましたし、それを基にトレードの戦略を練っていましたが、予測はあくまで予測でしかないのです。当たらないことが多いですし、「このまま我慢していれば上がるかも」と無駄な希望を持ってしまい、それが結果的に損失につながってしまいます。

将来を予測しない、トレンドを重視する、というのが私の投資法ですが、その根底には、答えは株価が教えてくれる、という考えがあります。成長株に割安な価格で投資をすることができれば、相場はそこそこ効率的なので株価が上がる時は来ます。

反対に株価が下がるということは、その投資は失敗の可能性があることを考慮します。ですので、株価が10%以上下落した時や、半年経っても株価が上がらない時は、売却してもう一度その銘柄への投資をゼロから考え直してみるという作業をしています。

株式投資は、投機的なトレードをしない限り、プラスサムになるのです。大事なのはそれを自分でゼロサムゲームにしてしまわないこと、自分で意味がよく分かっていない行動はしないこと、これらが大前提です。

企業研究や、市場の動き方の勉強を重ねていけば、その努力はいずれ必ず実るでしょう。上級者は必ず、並大抵ではない勉強を重ねた上でその地位を手にしているのです。

AKIさんの運用のポイント

POINT 1

割安株+成長株で投資する

いくら割安であっても、まったく注目されない企業では意味がありません。成長の可能性を見いだせる企業に投資しましょう。

POINT 2

「過去」に注目しよう

将来の業績を予測しても仕方がありません。それよりもその会社の実績である「過去」に注目することで道が開けるかもしれません。

POINT 3

トレンドを見る

株価は上がり始めると上がり続け、下がり始めると下がり続ける性質があります。
流れに逆らわずに投資をすることが成功のコツです。

用語解説

TOPIX　とぴっくす

東証株価指数（Tokyo Stock Price Index）の略称。東証一部上場しているすべての日本企業を対象にした株価指数のひとつ。1968年1月4日の時価総額を100として、その後の時価総額を指数化したもの。日本経済の動向を示すための指数として頻繁に用いられる。これに連動したETFなども多い。日経平均株価に比べて特定の業種や企業の株価の動きに影響を受けにくいメリットを持っている。TOPIX Core30、Large70やMid400など、一定の水準にある企業に限定した表し方をすることもある。

バークシャー・ハサウェイ　ばーくしゃー・はさうぇい

バークシャー・ハサウェイはアメリカの投資持株会社。ネブラスカ州オマハに本社を置いている。19世紀末に紡績会社としてスタートした同社は1950年代になり、世界一の投資家、ウォーレン・バフェットが筆頭株主となった。これを契機に本格的に投資事業に乗り出し、今日の同社の形を作り上げることとなった。アップル、ザ コカ・コーラカンパニーやアメリカン・エキスプレスといった世界的大企業の株を多く保有している。ちなみにバークシャー・ハサウェイ自体もニューヨーク証券取引所に上場している。日本からでもネット証券を通じて投資することができる。

PART 10

株の「ランク」を見極める

すぽ
さん

· Personal Data ·

居住地	東京都
性別	男性
年齢	40代
職業	専業投資家
投資歴	14年
運用資産	数千万円

特技を活かして投資を始める

私は、株式投資を始める以前より、どのような企業が儲かるのかについて、独自に研究をしていました。個々の企業のマーケティング手法などを、分析していたのです。株式投資に本格的に参加するようになったきっかけは、２００６年頃でした。ロバート・キヨサキの『金持ち父さん貧乏父さん』（筑摩書房）を読んだことが直接の契機となりました。

この本の中には株式投資についても書かれていて、その中で、

「株は持っているだけで資産が増える」
「これまでしていたマーケティングの勉強が役に立つ」

ということに気づかせてくれました。

株式投資に足を踏み入れたのはそれからです。それ以来、10年以上、私は投資の世界で生きています。株は、うまくやれば雪だるま式に資産を増やせる、最高の手段ではないでしょうか。株式投資の世界では１００万円を２００万円にするのも、１０００万円を２０

00万円にするのも、同じことです。つまりは、自分のやり方を見つけて、自信が持てるようになればそれでよく、それを見つけられれば、投資の世界はきっと、もっと面白く感じられるはずです。

株には「ランク」がある

私は今、主に成長株をメインに投資しています。しかし、私の株を始めた当初のスタイルは、企業の実際の価値と株価が乖離している銘柄を探すものでした。つまりは、バリュー株投資といえますね。その企業が儲けられて、かつ安定したビジネスモデルを築けているか、それに対して株価はどうか、という観点からチェックし、投資するか否かを決定していました。

当初、中間がどうなろうと、株価は最終的にはＰＥＲ20倍に落ち着くのではないか、と考えていました。そのため、その当時はなるべくＰＥＲとＰＢＲが低いものを探すように心がけていました。

バリュー株投資ということは、いずれはその企業の価値が認められて株価が上がっていくだろう、ということを期待するわけですが、実際はそううまくいかなかったんですね。きっとこの企業なら上がるだろう、と思って投資したのに、いつまで経っても株価が低いまま、ということがざらにあったのです。

その一方で、そこまで期待していたわけではない企業が、一気に高騰することもありました。急成長して、ものすごい高PERになっていた企業もいくつかあり、私が保有した銘柄の中ではサイバーエージェントなどがその筆頭といえる存在です。

これらの経験から、株には「ランク」が存在すると気づきました。同時に、それまでのバリュー株投資に「成長」という視点を加えることになったのです。

ランクというのはつまり、企業の成長力による格付けです。詳しくは後述しますが、成長率が低い企業と高い企業は、数字で見極められるということに気づいたのです。

バリュー株投資の視点からすると、どうしても低PERの銘柄にこだわりがちになってしまいます。その企業が優良であれば、安定した利益を得られるかもしれませんが、もしその銘柄のランクが上がったとしたら、つまり株価が上がってきたらどうでしょうか。そのときは、より高い利益を挙げることができます。

そんな企業を見つけられれば、得られる利益は大幅に増えるでしょう。割安株にだけこだわっているよりは、こちらのほうがずっとよい手法だと私は考えています。もちろん、そ

■株価の評価は8倍ぐらいばらつく

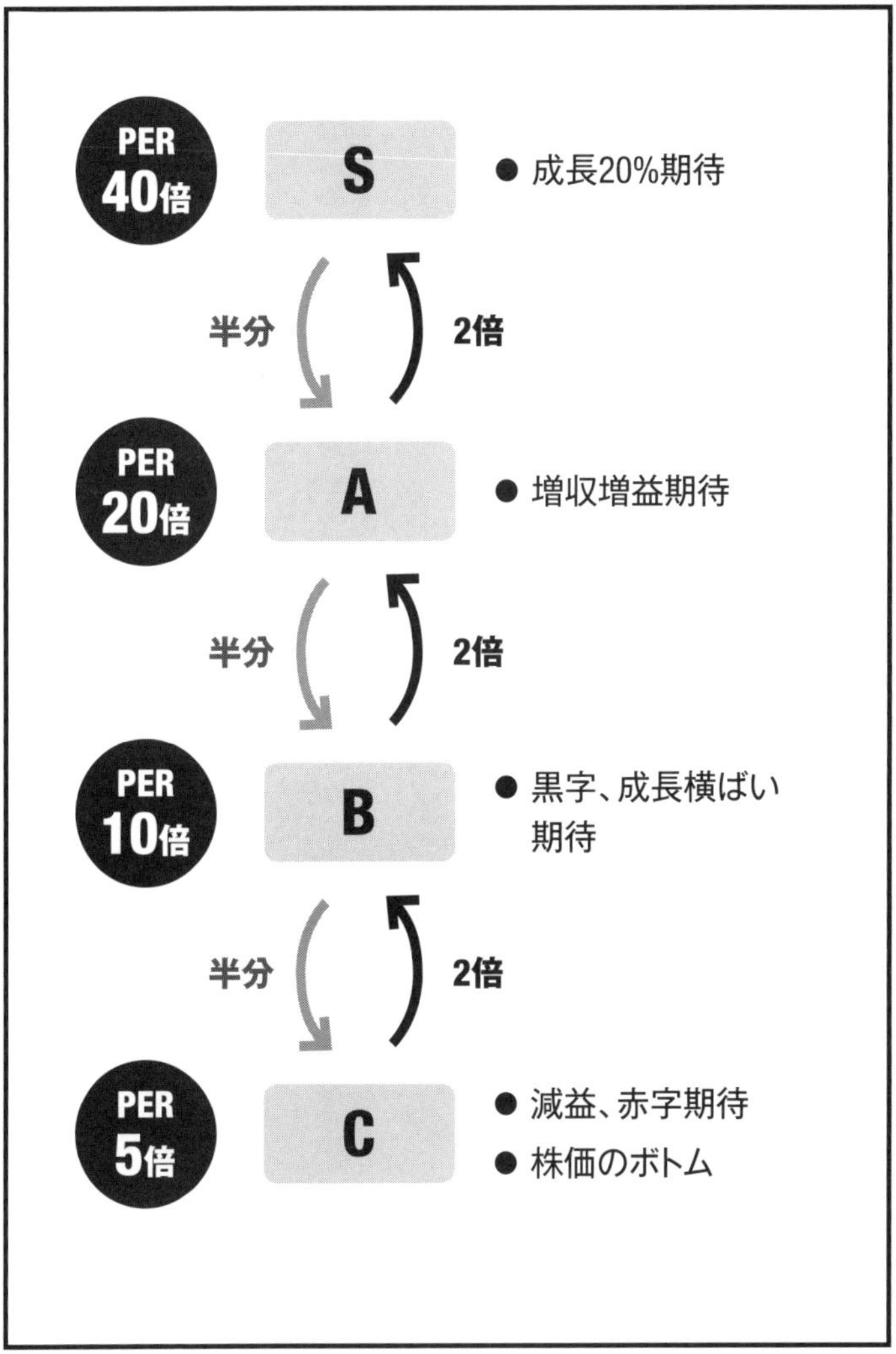

の企業の成長を見誤ると、やはり手痛い損失を被る可能性が高いため、その点にだけは注意が必要ではあります。とはいえ、成長、ビジネスモデル、割安、という3つに気を配れば、あなたのパフォーマンスは大幅にアップするでしょう。

狙うべきはSランク企業

企業は上はSから下はCまで、4つのランクに分けられると考えています。P165の図の通り、SランクとCランクでは、およそ8倍ほどの開きがあります。

例えば、ある銘柄の成長率が20％だとしたら、5年ほどで株価はおよそ2・5倍にまで成長します。しかし、5％程度の成長率の銘柄では1・3倍ほどです。同じような株価の銘柄だったとしても、成長率の違いは数年後に大きな変化を生み出すのです。

ランクの変化を狙う場合、Aランクの株をBランクの価格で買う方法と、Sランクの株をAランクの価格で買う方法が考えられます。どちらもうまくいけば2倍になるわけですが、私は後者（Sランクの株を買う）の方が優秀だと思っています。バリュー株投資の視点で考えると、どうしてもBランクあたりのPER10倍程度の銘柄を買いがちですが、これでは大幅な成長を期待することは少々難しいといえます。前述の通り、最も収益を期待できるのは、ランクのズレが修正される、ランクアップのときです。そのような成長視点から見ると、Bランクの銘柄はいささか不安です。とすればやはり、なるべくAランク銘柄のSランク昇格を期待するほうが得といえます。

ランクの修正がなされる条件とは、いうなれば「サプライズ」なのです。市場に「もしかして、この銘柄はすごいのではないだろうか?」という印象を与えることができれば、投資家たちの評価は高まり、株価は急上昇するのです。

ことにSランク程度の実力を持つAランクの銘柄ともなれば、ちょっとしたニュー

■ズレの修正は狙い時

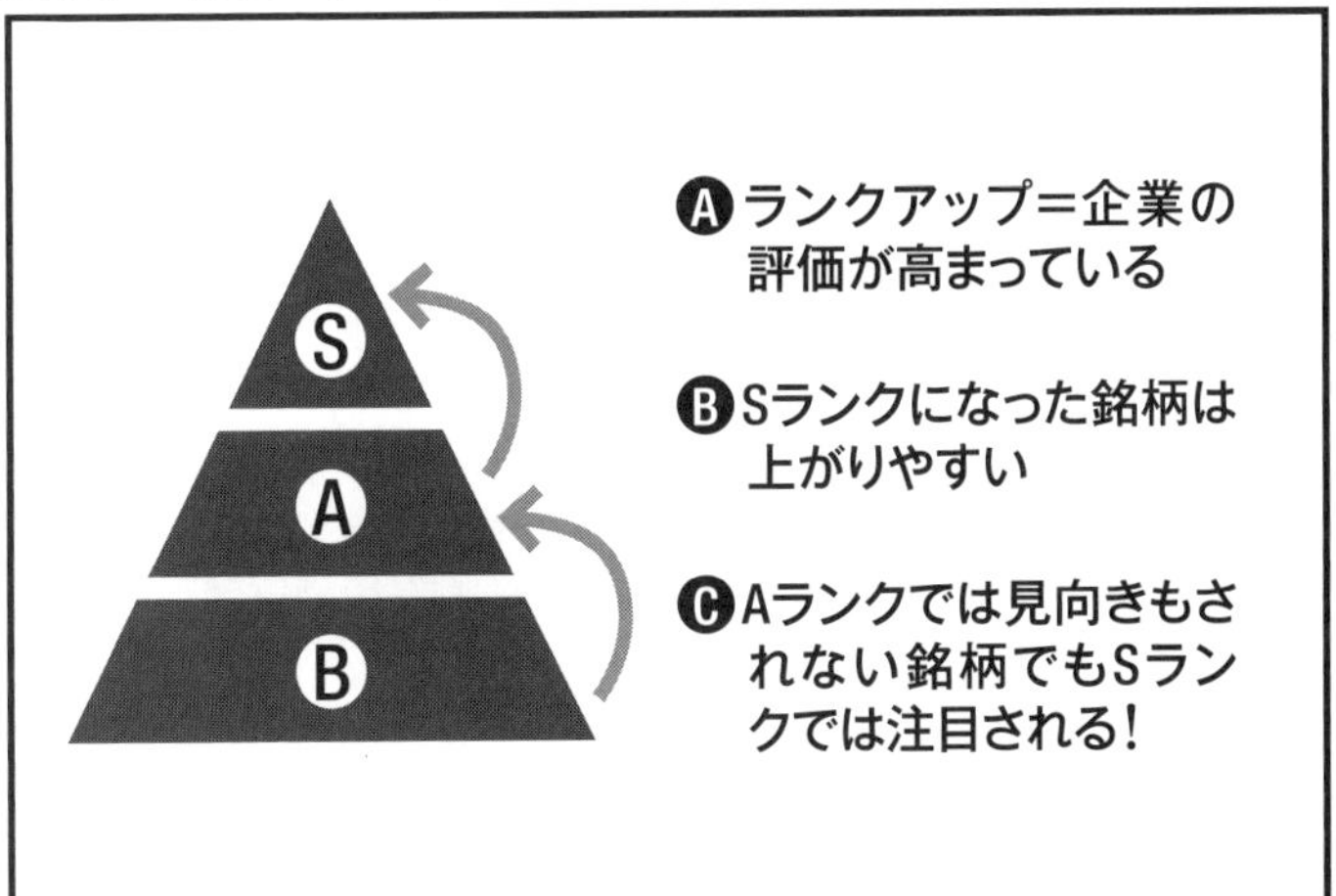
S
A
B
Aランクアップ=企業の評価が高まっている
BSランクになった銘柄は上がりやすい
CAランクでは見向きもされない銘柄でもSランクでは注目される!

スが大きな株価の変動を呼び込むことがあります。しかし、実力Aランクでは、同じような内容のニュースであっても、まったく市場に関心を持たれず、結果的に株価も動かないということはよくある話です。そのような銘柄は地道に2~3年ほどの増収・増益を重ねて、ようやくSランクとして認められるのです。

個別の企業の分析としては、私はいつもGMOクリック証券の分析ツールを用いています。まずこれを使って、財務諸表をチェックするのに足る企業かどうかを判別します。投資を検討する企業の基準は次の通りです。

・営業利益率が安定して10%を超えている
・売上が成長している
・好業績の結果として、無借金経営に近い状態にある
・営業キャッシュフローが利益と概ね連動している

これらを満たした企業であれば、企業のIR資料を確認する作業に入ります。この資料についてはプレゼン資料などでもよいでしょう。その企業のビジネスモデルについて検討するのです。どうして、その企業は利益率が伸びているのでしょうか？　シェア、技術力、

コストダウン力など、可能性はいろいろ考えられるでしょう。

どんな理由にせよ、はっきりと「これだ」とつかめれば大丈夫です。ただし、逆に理由がはっきりしない場合、その企業は今の市場環境でたまたま、うまく利益が伸びているだけという可能性も考えられます。いくら検討してもその企業の力の要因が分からなかったら、投資するのは控えたほうが賢明です。

ツールで確認した条件も満たし、ビジネスモデルも明確になった企業については、ここでようやく、株価の割安度を測ります。チェックする項目はＰＥＲ、配当利回り、ＰＢＲ、ＲＯＥです。

成長率が高い企業であれば、ＰＥＲにはそこまでこだわりません。20倍でも買います。ＰＢＲ、ＲＯＥも一応チェックはするのですが、私の場合、正直これらふたつについては、特にその他の項目ほど詳しい条件は設定していません。参考程度にサラッと確認する程度です。

私が投資対象としているのは、これらの項目をすべて満たした企業のみです。どんな業種に投資したらいいのか、と悩む人がよくいますが、私個人としては業種はあまり関係ないと思っています。これらの条件を満たしてさえいれば、どんな業界、企業に投資してもよいのではないでしょうか。ただ、ビジネスモデルを見通せなくてはなりませんから、その業界、企業に対する、それ相応の知識は必要になってきますので、そこは注意しなくてはならないでしょう。

どんなビジネスモデルがいい？

ビジネスモデルを見るべき、と今まで言ってきましたが、どんなビジネスを行っている企業ならよいのでしょうか。儲かりやすいビジネスはいろいろありますが、代表的なものを挙げると、アフターマーケット型のビジネスがあります。これは製品そのものよりも、その後の製品のメンテナンスや補給パーツの利益で稼ぐビジネスのことです。

■投資するときにチェックすること

✓ 業績が安定している

✓ ビジネスモデルが安定、明確

✓ 割安である

成長率が高ければ
PER20倍以上でも検討してみよう！

具体的には、補給用のカートリッジを必要とするプリンター、保守点検が必要不可欠なエレベーターや業務用冷凍庫などがあります。どれもこれも皆、補給やメンテナンスなしで使い続けることはできないため、販売したメーカーがその後のサポートで儲けられるようになっているのです。こうした企業は営業利益率が非常に高いことが特長です。

また、何らかのプラットフォームを提供する企業も、投資するにはよいビジネスモデルを持っているといえます。たとえば、ＶＨＳやパソコンのＯＳなどです。失敗すると瞬く間に消えてしまうという難点があるのですが、成功した場合は放っておいてもユーザーがどんどん増えていきます。ブルーレイ陣営のソニーフィリップス、パナソニック対ＨＤＤＶＤ陣営の東芝とＮＥＣの争いが記憶に新しいところではないでしょうか。

そのような儲かりやすいビジネスを行っていて、なおかつ競合相手が少なければ、文句なしです。ただし、さすがにそこまで都合のよい企業はそうそう見つかるものではありませんから、常に企業を見つけ出す努力は必要不可欠なのです。

自信を持つことが結果につながる

私の取引手法では、あまり株価の動きを重要視していません。ですので、株価が下がった場合のリスクヘッジや損切りについては、あまり考えていません。株価が下がった場合は、単純にナンピン買いで対応しています。

ただ、株価の下落がとても気になるという方は、非常に多いのではないでしょうか。その場合は「負けない」心を持つほかに対策はないです。短期投資であれば、数字を設定して、機械的に損切りを行うことも可能だと思います。ですが、前述の通り、私はあまり株価を重要視していないので、業績を心の支えにしています。自分が出した分析に自信を持って臨むことで、安心して長期的に保有できるようにしているのです。

また、投資対象の企業の選定は慎重に行うことです。もし、投資した企業の株価が思うように上がらなかったとしたら、多くの場合、自分で行った分析結果に瑕疵《かし》があったものと考えられます。

その場合は、どうして株価が上がらなかったのかを分析することに努めましょう。その企業のサービスがまずかったのか、市場環境に恵まれなかったのか、ビジネスモデルがよくなかったのかなど、原因はあらゆるところにあります。原因を解明できたのなら、対策もできますから、同じ失敗を二度と繰り返さないようにできるでしょう。

ただし、どうしても想定外の事態に発展してしまうことはあります。私もPCデポの炎上問題やウェッジホールディングスの経営者問題などで痛手を被った経験があります。この手の不測の事態というものは、正直なところ、予測できるものではありません。

このようなトラブルに対処するには、事前に手を打っておくしかないのです。私は、分散投資をすることで不測の事態にも対処できるようにしています。今は5銘柄程度に分散しています。仮に、ひとつの銘柄が急降下したとしても、あとの4つで何とか持ちこたえるのです。

加えて、信用取引をしないことが重要です。自分の資産の何倍ものお金をかけて、失敗したら一巻の終わりです。文無しになってしまったのでは、株式投資を始めた意味がなくなってしまいます。

同様に、文無しになるのを避けるという意味では、投資詐欺に気をつけることも必要です。セミナーや未公開株など、高額すぎたり、うますぎたりする話には注意が必要です。

経験が社会を見通す力となる

冒頭で書いた通り、自分に合った手法に出会えれば、株式投資で資産の増やすことはそこまで難しくないのではないでしょうか。ここに書いた私の手法はあくまでほんの一例です。取引に少し慣れてきたら、自分のスタイルを模索する時期に差しかかるのではないでしょうか。とにかく自分のスタイルを確立しましょう。それが第一です。

私は中長期投資が肌に合っているので、ずっとこのスタイルをとり続けていますが、もしかすると人によっては短期投資のほうがしっくりくるかもしれません。何にせよ、自分のスタイルを見つけることは、より利益を得ることに直結します。

株価に踊らされるような投資は、自分のスタイルを確立できていない証拠だと思っています。目先の株価に踊らされずに、冷静な心を持って取引することが肝心だと思います。

もし、私と同じスタイルで投資をするとしたら、意識すべきは前述のように、

・成長
・ビジネスモデル

・割安

この3つです。したがって、今後の相場などを予測することはあまりありません。予測しても結局、不測の事態に陥るという可能性は十分にあり得ます。特にリーマンショックや私が経験したPCデポ炎上問題などの類のものは、予測することが非常に困難です。そんな不確かなものに頼るのではなく、その企業の中身を理解し、業績の見通しを読むほうがよっぽど確実ではないでしょうか。

ある程度慣れてくると、きっと会社を見る目が以前とは違ってくるはずです。「この企業は儲かりそうだな」だとか、もしかすると、「この会社は何だかダメそうだな……」かもしれません。そのような視点を持てるようになってきたのなら、投資家としてのひとつの成長点を迎えたと考えてもよいでしょう。

すぽさんの運用のポイント

POINT 1

株の「ランク」を考えよう

銘柄は上がりやすいのかどうかのランク付けをすることができます。割安株にこの視点を加味することで、効率的な成長株投資を行えます。

POINT 2

できる限りSランク企業を狙おう

上がりやすさも上がり方も、Sランクの企業が圧倒的に高いのです。入念な分析を加えてSランクの企業を探し出しましょう。

POINT 3

分析の結果は常に疑う

多少株価が下がっても大丈夫。しかし、あまりにも上がらないのであれば、分析のミスがあったと考えるべきです。そのときは分析をやり直します。

PART 11

時間を絞って集中投資

むらやん

さん

・Personal Data・

居住地	東京都
性別	男性
年齢	30代
職業	専業投資家
投資歴	12年
運用資産	1億円

いくつもの仕事を渡り歩いたのちに

私は株式投資を始める以前に、いくつかの職場を渡り歩いていました。不動産の営業、健康器具の販売などの仕事を経験しています。

そんなサラリーマン時代に知り合った知人から、「株をやると儲かるらしい」という話を聞いたのが、投資をするようになったきっかけです。実際、その知人がライブドアの株で1億円を儲けたというのだから、本当に稼げるのかもしれないと思い、私も株式投資の世界に興味を持ったのです。

投資に関する勉強はすべて独学で、元手の金額は500万円ほどでした。投資家になって12年が経過しましたが、株一本で食べていけるくらいは稼げていますし、これのほかにやりたいことというのもないので、続けています。

大企業に勤めて、いい生活をしようと思うと、それ相応の学歴が必要ですが、株式投資には学歴や社会的地位などは何も関係なく、自らの腕一本で稼げるのが最大の魅力だと思っています。

その分、リスクと責任も負わなくてはいけないのは確かですが、正しい方法さえつかめれば、誰でも億万長者になれるチャンスが待っているのが株式投資だと思います。

決め手は買う時間帯

基本的にはデイトレードを中心に取引しているのが私のスタイルです。これは株をやり始めた当初から変わっていませんね。過去にはFX（外国為替証拠金取引）や先物取引にも手を出したことがあるのですが、こちらはどうもうまく稼げなかったので、やめてしまいました。結果的に今でもデイトレードが中心になっていますね。

取引する上で気をつけているのは「時間」です。デイトレードとなると、株の売買が活発に行われる時間帯に動かなくてはいけないですから、何時に取引するのか、というのはとても重要になってくるのです。

活発に取引が行われるのは基本的に9時の相場開始直後から長くても10時くらいまででしょうか。スーパーのセールみたいなもので、開店直後は人がたくさんいるわけです。もうひとつの時間帯としては、終了間際の時間帯です。だいたい14時頃から終了の15時まで、株価の動きが激しくなります。

そのため、私はその中間の時間帯、いわゆるザラ場ではあまり取引しません。大きな利益を狙うのであれば、やはり値動きが激しい時間帯に動くほうがいいですからね。

狙っている企業があったとしたら、その企業に資金が入っているかや、海外のマーケットの動向も参考にできます。

デイトレードでは、株価の動き方を事前に予測できるかどうかが大事になります。どこが下値で、どこが最高値かをピタリと当てられたら最高なのですが、実際はそこまでするのは難しいかもしれません。とはいえ、練習しだいである程度予測精度を上げることはできます。

もし、その企業に何らかの好材料が出てきたら、練習がてらに予測してみましょう。予測のやり方ですが、まず過去にその銘柄がどんな値動きをしているのかを確認します。次に、それを現在の株価と照らし合わせて、どのあたりが下値になって、どのあたりが高値かを検討するのです。

当然、期待外れに終わる銘柄もたくさんあるでしょう。そんなときはさっさと売ってしまうのが、資産を増やすためのコツだと思っています。損失を出すときは、たいてい熱くなったときですから、いかに自分を冷静に保つのかが、ひとつのカギではないでしょうか。

■時間を絞って動くと効率的

午前中は寄り付きが最も活発に取引が行われる

午後の場合、終わり際が市場が最も賑わう
ザラ場はあまり大きな動きがないことが多い

デイトレードで取引するなら、株価が
動きやすい時間帯を狙い撃ちしよう!

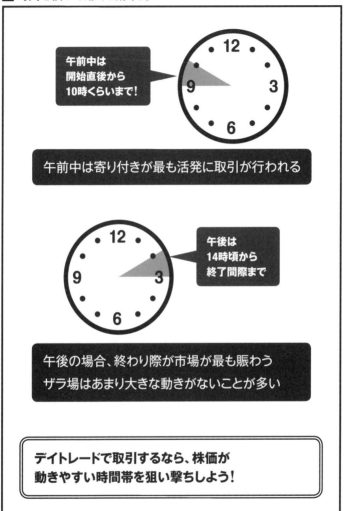

売買代金に注目してみよう

短期トレードの視点からいうと、いわゆる〝テーマ株〟は値動きが激しく、売買代金も比較的多いので、短期トレーダーには狙い目の銘柄ではないでしょうか。私の場合、その時点での為替や海外市場なども含めて検討しますが、前述した過去の経験則で、買うかどうかを決めています。

私が注視する銘柄は、「他の投資家が注視する銘柄」です。たとえ日経平均株価やマザーズ指数が下がり気味でも、なかなか株価が下がらない銘柄というものは必ず出てきます。市場全体の下落に負けないのは、強い銘柄だと思っています。私が買い入れるのはそのような銘柄ですね。

また、売買代金上位銘柄を選ぶことも大事なポイントです。毎日、その日の売買代金上位にある銘柄を調べておきます。その中でも350円くらいから2000万円までの銘柄を抜き出し、明日の買い入れ候補とするのです。なお、翌日に持ち越すことはないので、業績やその他のテクニカルの指標などは一切無視しています。

売買代金とは、その銘柄の取引が成立した金額です。この金額が大きければ大きいほど、その銘柄はたくさん取引されているということです。つまり、他の投資家も注目している銘柄であると考えることができます。売買代金が低い銘柄の場合、何らかの好材料が出てこない限り、なかなか株価が動かないことが多いのです。

その点、売買代金上位銘柄であれば、常時たくさんの投資家が取引しているということですから、必然的に値動きが激しくなる可能性が高いのです。上がるのか下がるのか、というのはそのときにならないと何ともいえませんが、どちらにせよ期待が持てる銘柄であることには変わりありません。基本的には、人気の銘柄を底値で拾って高く売れれば負けることはないのです。

日本の株式市場は、外国人投資家の数が

■動きのある銘柄を狙って取引しよう

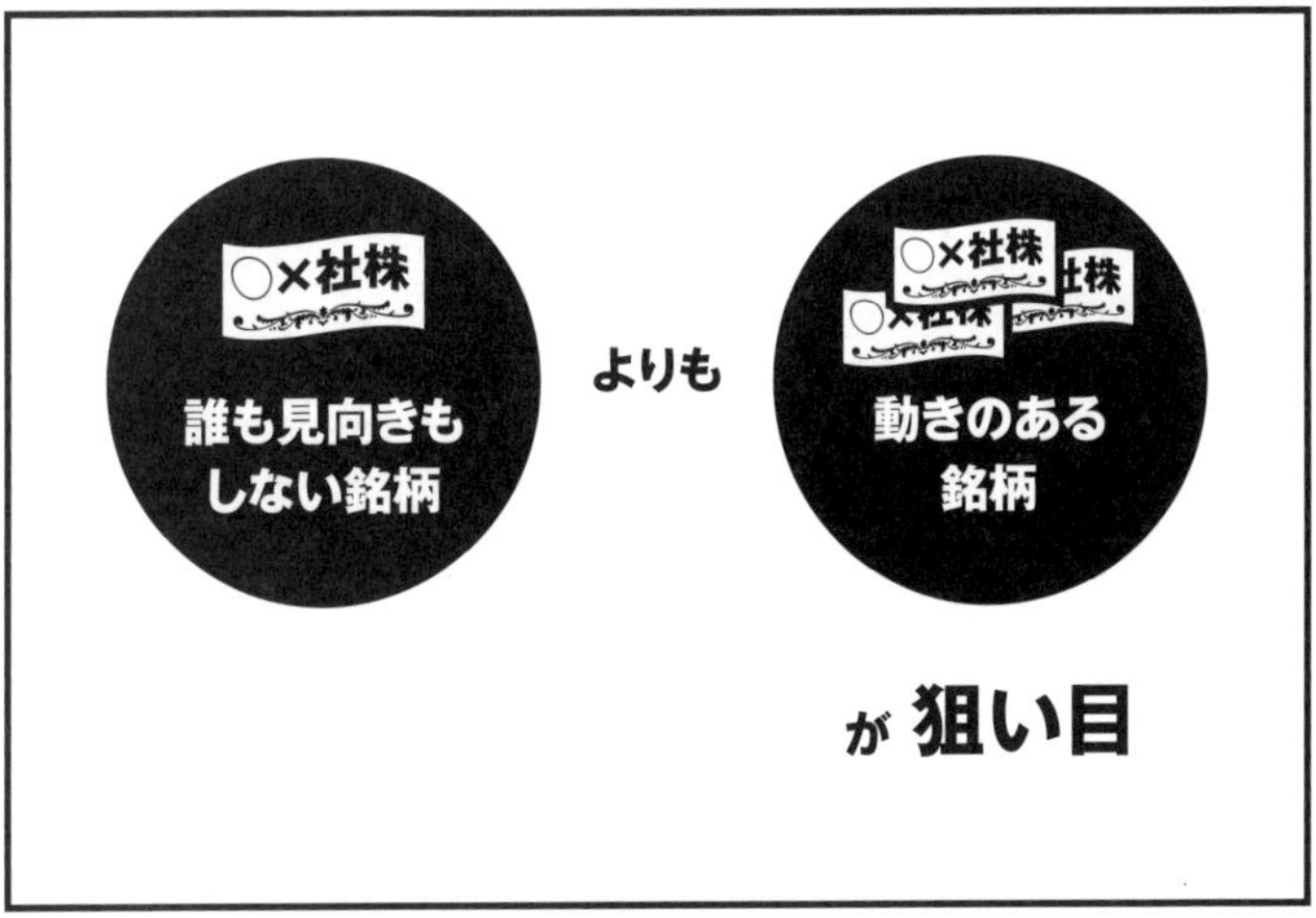

とても多いです。そのため、市場は彼らの影響をとても受けやすいといえるでしょう。テロや災害など、外国で何か緊急事態が発生すると、途端に外国人投資家たちの動きがパタッと途絶えるということはあります。

つまり、日本の株式市場の雰囲気は、外国人投資家に左右されることもあるのです。常日頃から外国の情勢にもしっかりと目を通しておくことで、市場がどう動くか、ひいてはあなたが狙う銘柄の予測に、より高い精度を出すことができるのではないでしょうか。

自分で決めたルールを守ろう

売り時は誰しも悩むでしょうが、私も１００％の自信で利益になる、といえる瞬間はあまりありません。その場その場での材料や市場全体の雰囲気を見て「この感じなら50％くらいかな」というくらいに思うことはあります。

売り時はこれまで取引していた経験から、何となく感覚でつかんでいます。「過去にあった、あのときの感じに似ているな」と思えばその分自信は高まりますが、それでももちろん負けるときは負けますから、そうなったらいさぎよく損切りしています。

基本的に、損切りする基準を決めてから買いに行くようにしていますから、大敗を喫することはそうそうありません。具体的には「見込める利益の30％の損失」で損切りするようにしています。

たとえば、銘柄Aで10万円の利益を見込んでいたとしましょう。それが3万円の損失を計上したところで損切り、銘柄Bで100万円の利益を見込んでいた場合、30万円の損失を抱えてしまったら損切り、といった具合です。

結果的に損をしてしまうときというのは、取引に熱くなりすぎて感情的になってしまった場合がほとんどではないでしょうか。感情の暴走がリスクを招き、やがては退場という結果につながってしまう投資家も多

■投資家として長続きするには……

いように見受けます。

取引する前には分かっているのに、いざ始めてみるとコロッと忘れてしまい、まるで泥沼にはまり込んでいくかのごとく、悪循環の無限ループをひたすら走り続けてしまうことはよくあるのです。どれだけいつもの考え方で冷静にトレードできるかが、損失を出さないようにするポイントでしょう。

特に、自分が決めた損切りのルールは絶対に守りましょう。前述の例でいくと、10万円を見込んでいた銘柄が5万円の損失になっているけど……、もしかしたらまた上がってくれるかもしれない、といつまでも待ち続けているようではいけません。一度、ルールを破ってしまえば、あとはもうどこまでも持ち続けてしまうだけです。

奇跡的に持ち直すこともあるでしょうが、運に頼っているようでは、いずれ退場するハメになるかもしれません。心当たりがあるという人は、自分の感情をコントロールする術《すべ》を身につけたほうがいいかもしれませんね。

損切りのルールを守る、感情的にならない。この2点を守ることができれば、大損失を被る機会はなくなるのではないでしょうか。

忘れてはいけないのは「努力」

この先の、たとえば数カ月、あるいは数年先の相場がどうなるか、という予測はなかなか難しいものがあります。現状から予測しても、これからの政治の動きや経済の変動によって、いきなり状況が一変してしまうことがよくあるからです。

ですから、これからどうなるかを考えるよりは、起きた後にどうするかを考えるほうが重要ではないでしょうか。たとえば、今日起きた政治や経済的な動きが、翌日の株価にどう影響を与えたのかを研究するのです。ショックや市場の急落は必ず起きるものとして、半ば開き直るしかないでしょう。

それよりも、状況の変化にいち早く対応できる臨機応変さを身につけておくほうが、今後の自分のためになるでしょう。退場してしまっては、元も子もないので、稼ぐことよりも負けないことを考えるほうが、今後のためかもしれません。

私は、株式投資を通してお金以外のものもたくさん手に入れることができました。多くの投資仲間や、私からすると信じられないくらいにお金を稼いでいる投資の先輩との出会いが数多くありました。自分1人では想像もつかない、投資についての考え方や、私1人

■すべての可能性を予測するのは難しい

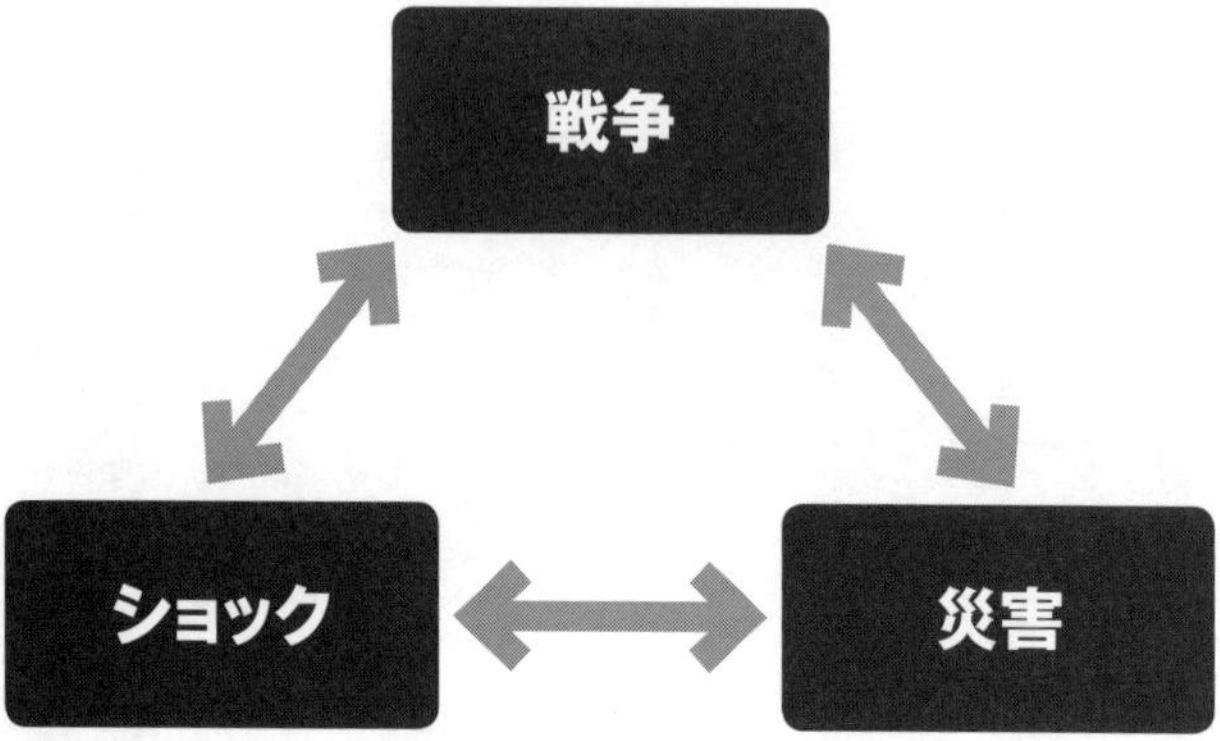

自分が予測できる範囲で予測するしかない！

↓

- ショック安は気にしない
- その場に応じた対応を心がけよう
- 経済以外のニュースも積極的に見よう
- 「何が起きるか」ではなく「起きた後どうするか」が大事
- 臨機応変な対応ができるように心がけよう

では不可能だったであろう、数々の体験がありました。

これらはすべて、株式投資をしていなかったら、きっと手に入らなかっただろうと思います。特に、個人投資家の方々は人間としての魅力に溢れた方々がたくさんいるのです。投資以外の面でも、一緒に遊んでいるだけでもとても満足度の高いことができます。

自分以外の他人との交流は、自分の成長を促してくれるものです。株式投資は、そうした出会いを手にするという意味でも、優れたものであると思います。

私にとって、株式投資とは、ひとつのルーチンワークであると考えています。機械的にルールを決め、それに従って動くひとつの作業です。しかしそれゆえに、一度大金を稼ぐと、どうしても楽をしたくなって、そこからさらに稼ぐための努力をしなくなってしまう人がとても多いように思います。

皆さんに覚えていてほしいことは、今稼いでいる投資家たちは、常に努力を怠らなかったから、今の地位を築くに至ったのだ、ということです。途中で、やる気が切れることもあるでしょう。どうしたらいいのか分からないという状況に陥ることもあるかもしれません。

もし、道に迷ったら一度、原点に立ち返りましょう。常に自分の出発点を見失わずにいれば、道は見えてくるものと思います。常に初陣《ういじん》に臨むつもりで進んでいけば、結果はついてくるでしょう。私的な話題ですが、株式投資をしはじめてから、何だか性格がほんわかしたような気がしています。いや、ひょっとすると年齢のせいかもしれませんが、これもひとつの変化だと思っています。相場が悪ければ、時には傍観者となり、感情をコントロールして、ルールを守っていれば生き残ることができます。そうして、末永く投資の世界にいられたら、というのが私の願いでもあるのです。

むらやんさんの運用のポイント

POINT 1

時間帯に注意して取引を行おう

短期取引は値動きが激しい時間に行わなくてはいけません。その時間帯をしっかり把握することが第一歩です。

POINT 2

売買代金上位は要チェック

売買代金が大きいということは、他の投資家が多く取引しているということです。そのような銘柄は何らかの動きが期待できそうです。

POINT 3

ルールは必ず守り通そう

負けるときは熱くなったときにほかなりません。自分で決めた損切りのルールは必ず守り通すようにしましょう。

用語解説

FX　えふえっくす

Foreign Exchangeの略で、日本語では外国為替証拠金取引と呼ぶ。外国の通貨を売買し、為替変動の差で利益を出すという金融商品の一種。日本円で安くなった米ドルを買い、その後、米ドルが買値より高くなったら売るというもの。つまりは、次々とお金を両替するようなものと考えるとよい。株とは違い、夜中でも取引が可能。ゆえに、リスクを取りすぎると株以上に眠れなくなる可能性も。

先物取引　さきものとりひき

将来の売買をあらかじめ、約束しておく取引のこと。売買する価格、数量等の情報のみを約束し、その約束の日が訪れたときに初めて売買を行う。事前にいくらで買う・売ると金額を決めておくため、価格変動が起きやすい商品を買う際にはその変動の影響を被らないという利点があるが、その反面、どれだけ割高になっていてもその金額で買わなくてはならないというメリットとデメリットが相反する取引方法である。日本では株やFXほどの知名度はないが、アメリカのとうもろこしなど穀物の先物取引が有名。

PART 12

値動きには法則がある

N氏（Nobu）さん

・Personal Data・

居住地	非公開
性別	男性
年齢	非公開
職業	専業投資家
投資歴	10年以上
運用資産	非公開

親戚の姿を見て投資家に

私が株式投資を始めたのは、叔父の影響が強かったですね。叔父は当時、不動産会社を経営していて、会社の資産を運用していました。私もその姿を見て、資産の運用というのはなんだか面白そうだなと思い、投資に興味を抱き始めました。当初は株式投資に関連する本を何冊か読んだ程度で始めました。

それなりに長く続けていることもあって、それ相応の大損をしたことも何度かあります。ですが、それらは自らの手法、スタイルを確立できていなかったがゆえのことだと、今になってみると分かります。

それに気づいたときから、自分なりのスタイルを模索して、今の形に落ち着いたのです。自分に合ったスタイルを見つけることができれば、優位性のある状態でトレードを行うことができるのです。

私が今も株式取引を続けているのは、そのことに気づけたからだと思っています。生き残るには、自分なりのスタイルを探し出すところから始めてみましょう。その上で、経験を積むことが、投資家としての成長につながっていくのではないでしょうか。

業績の予測は当たるとは限らなかった

私の基本的なスタイルはデイトレード、またはスウィングです。基本的に、私が開発した独自計算値手法を主体に売買の判断を行っています。

ですが、株式取引を始めた当初は、主にその企業に関するニュース等から得た材料、業績を自分なりに分析して、どちらかというとファンダメンタルズ分析を主体にした、トレードを行っていました。しかし、この手法には少し問題がありました。

自分の材料・業績の分析と実際の結果が、必ずしも一致するとは限らなかったのです。そのため、結果的に高値づかみになってしまうこともよくありました。この手法では安定した結果を出すことはできなかったのです。

そのような社会・業績の分析や見通しがもっと得意な人であれば、この手法でも利益を挙げることはできるかもしれません。ただし、私の力量にマッチしたスタイルとはいえなかったわけですね。

その後、本格的にデイトレードで取引を始めてから、いくつもの相場を経験してきましたが、その過程で気づいたことがありました。

それは、

「需給」はすべてにおいて優先する

ということでした。その頃から私はニュースから得た材料や、社会情勢を基にした判断など、業績を自分の主観のみで判断しなくなりました。板やチャートから需給動向の分析をし、自分の中でいけると思ったら買い入れる、あるいは売る、というシステムをとるようになったのです。

もっとも、市場全体の動向などをまったく気にしなくなったわけではありません。情報を得るに越したことはありませんからね。私が頻繁に使うのはテレビ東京の「ワールドビジネスサテライト」や「モーニン

■株価より需給を見よう

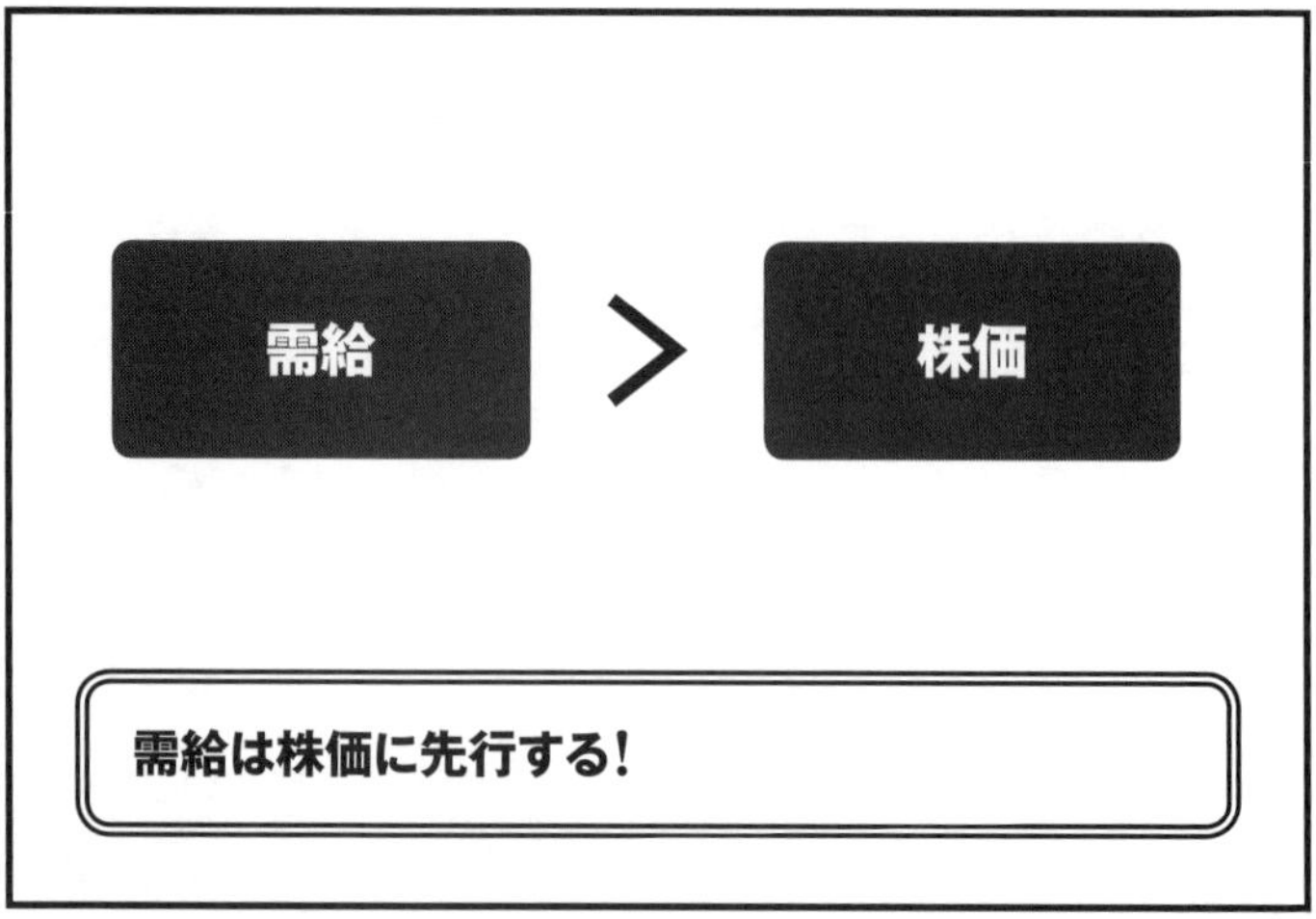

グサテライト」です。経済ニュースや市場動向をつかむには、このあたりがよいと思っています。今では短期トレードが主体なので、実際に銘柄を選ぶ際には、板やチャートのほうを注視しています。

注目するのは「ヒゲ」

短期トレードの場合、とにかくチャートの見方が重要になってくるでしょう。特に、ポイントとしては、ヒゲと出来高を重点的にチェックすることだと考えています。

空売りするときには、上ヒゲのローソク足に注目しましょう。上ヒゲというのはローソクの上に向かって伸びている線です。空売りですから、当然、高いうちに売っておきたいですよね。注目すべきは上ヒゲが長い銘柄です。上ヒゲが長い銘柄は、何らかの理由で買い注文より売り注文のほうが勝《まさ》っていたということです。

利益確定の売りか、損切りの売りかまでは、そのときにならないと分かりませんが、もし、それが高値で出来高を伴って売られた銘柄だとしたら、チャンスと見るべきです。高値圏で上ヒゲが長い場合、その後、その銘柄は下落に転じる可能性が高くなります。上ヒゲが長い分、下ヒゲが短ければ短いほど、強力な下落のサインであることが多いのです。下ヒゲがまったくないのであれば、下落の可能性は更に高くなるといってよいでしょう。

この動きをうまく予測できれば高く（空）売って、安く買える可能性がとても高いのです。下ヒゲがまったくないものを、その形状から、俗に「トンカチ」などと呼ぶこともありますが、それで明確に出来高の多い銘柄を見つけたら、トレンド転換の可能性が高くなる為、期待値が高くなります。

次に、通常、買いに行く場合の話です。これは先ほどの空売りの戦略とは打って変わって、下ヒゲに注目しています。

安く買って高く売る、という点においては空売りとなんら変わることはありませんが、買いと売りの順序が逆であることから、考え方も変わるわけです。買うときに注目する銘柄は、下ヒゲが長くて、出来高が明確に多い銘柄です。長い下ヒゲは、売り注文に比べて買い注文が圧倒的に勝っていたことを示しています。

一時的に売り注文が多かったので、大きく下落したものの、その後に強く買われて、大幅に戻した銘柄は下ヒゲが明確に長くなります。もし、安値圏の銘柄で下ヒゲが伸びていて、出来高が明確に多い銘柄があれば、エントリーの期待値も高くなる事が多くなります。その銘柄は今後、上昇トレンドに乗る可能性が非常に高いです。

■ヒゲの読み方の一例

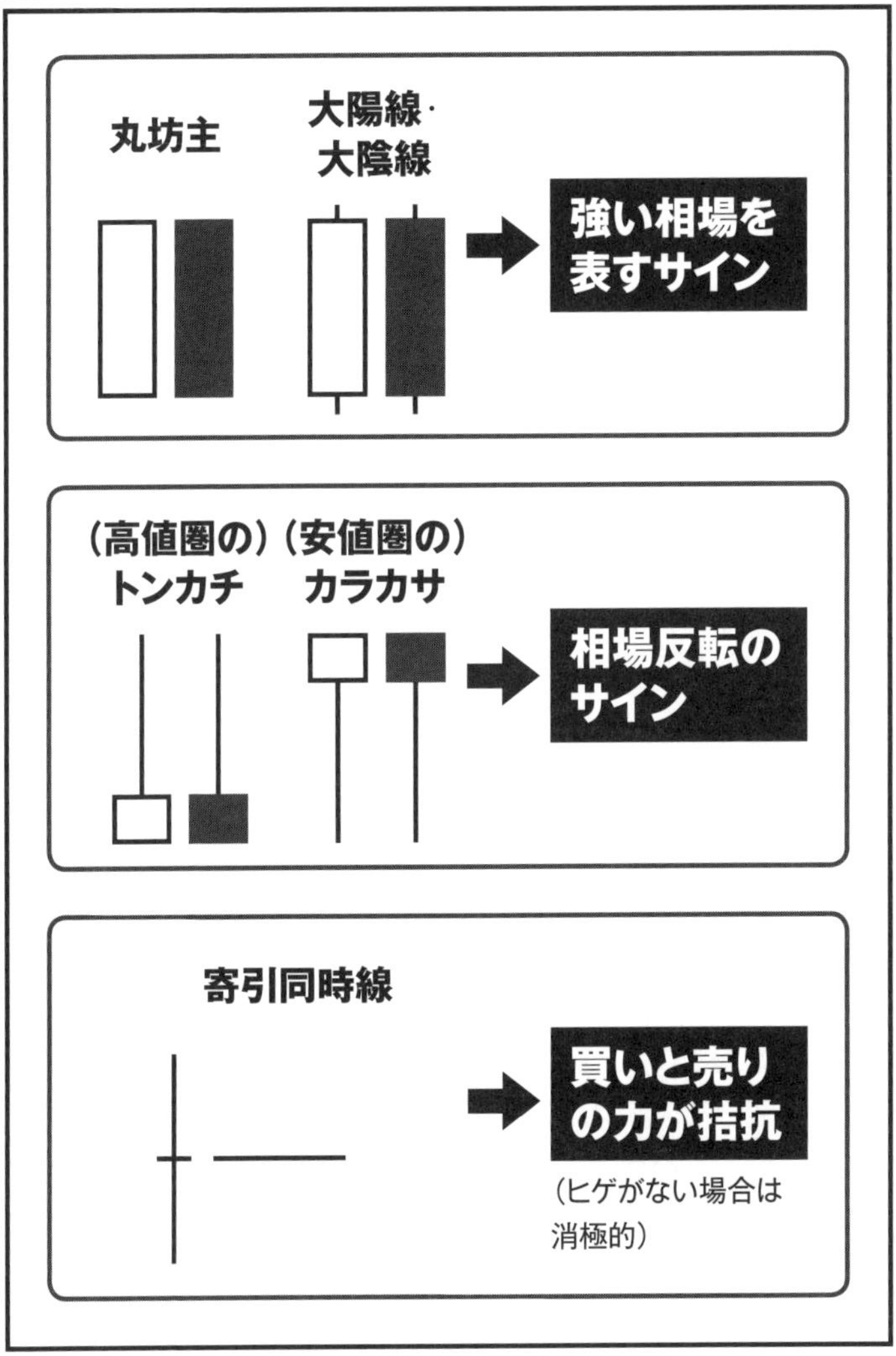
丸坊主
大陽線・大陰線
強い相場を表すサイン
（高値圏の）トンカチ
（安値圏の）カラカサ
相場反転のサイン
寄引同時線
買いと売りの力が拮抗
（ヒゲがない場合は消極的）

空売りと買い入れの双方の考え方を記しましたが、共通する注目ポイントとして押さえておかなくてはいけないことがあります。それは、出来高が高い銘柄であるかどうかということです。

空売りしようとして、長い上ヒゲの銘柄を見つけた、買い入れようとして、長い下ヒゲの銘柄を見つけたといっても、出来高が少なければどうでしょうか。つまるところ、その銘柄はあまり他の投資家の目を引いていないということですから、もしかすると、トレンドが転じることなく、長い間そのトレンドを維持してしまうという可能性もあるのです。そうなっては買うにしても空売りするにしても、著しく期待値が低くなります。ヒゲの長さがちょうどいい銘柄を見つけたからといってすぐには買わず、まずは出来高を確認しましょう。

売るときの決断は早めに

リスクヘッジの観点から考えて、ナンピン買いは避けた方が無難です。通常、保有している銘柄が大幅に値下がったのならば、自分の損失がそれ以上大きくならないように売るべきです。つまり損切りということですが、ナンピン買いというのはその銘柄がどこかで反発するのを期待して、さらにその銘柄を買い足すことをいいます。私も以前、買った銘柄が予想外に下落したときに、損切りしたくない一心でナンピン買いをする癖がついてしまったことがあります。ただ、幸いにも私の場合は結果的にナンピン買いでうまくいくことが続いたので、ナンピン買いを続けていました。

とはいえ、やはりずっとうまくいくはずもなく、ナンピン買いを続けてもなかなか株価が戻ってくれない銘柄に当たるようになりました。最初の私のようにうまくいくのであればよいのですが、ナンピン買いを続けたからといっても、その銘柄が上がってくれる可能性はどこにもありません。確証のない作戦をとるのはやめたほうがよいでしょう。

私も、なかなか株価が戻ってくれない銘柄に当たった頃から、無理にナンピン買いするのではなく、傷が浅いうちにさっさと損切りしてしまうほうが結果的に損失が軽くなるということを学習しました。上がらない（と思われる）銘柄に期待を持ち続けても、結果的に真逆の結果に結びついてしまう可能性は高いと思われます。生き残るためには、思い切って損切りを行うことも大事だということです。

また、資産を分散させるということも、重要なポイントです。株価が連動して動くような銘柄をたくさん保有するのは、避けたほうが無難でしょう。

例えば、同じような業界や、関係性の深い業界の銘柄を同時に保有することは危険です。その業界が何らかの打撃を受けた場合、手持ちの銘柄が軒並み下がってしまうからです。同様に、同じ市場にある銘柄ばかりを持つのも好ましくありません。その市場全体の下落が、あなたの資産に大きな打撃を与える可能性があるからです。たとえば、内需株と輸出株、東証一部とマザーズ、ジャスダックなどのように、可能な限り、分散させておくことがリスクを抑えるための重要なポイントとなるでしょう。

資産を失った挙げ句に退場するハメになる投資家の多くは、含み損の銘柄に期待して持ち続け、結果的にさらなる暴落に巻き込まれてしまう、というパターンではないでしょうか。株を買う上では、「上がる」可能性が高いかどうかよりも、「下がる」可能性が低いという事を真っ先に考えなくてはなりません。

「上がりそうな」銘柄を選ぶというよりも、「下がりにくそうで上がりそう」な銘柄を選ぶように心がければ、損切りしなくてはならないような状況に直面することも少なくなるのではないでしょうか。

私は、相場を長年見てきた経験上、普段のルールにそぐわない場合でも、直感で行けると判断できた銘柄は、その場でエントリーすることもあります。下落するリスクが低い判断した上で、適正な損切り値を設定出来れば、大損する可能性は著しく低くなるはずです。

資産の守り方

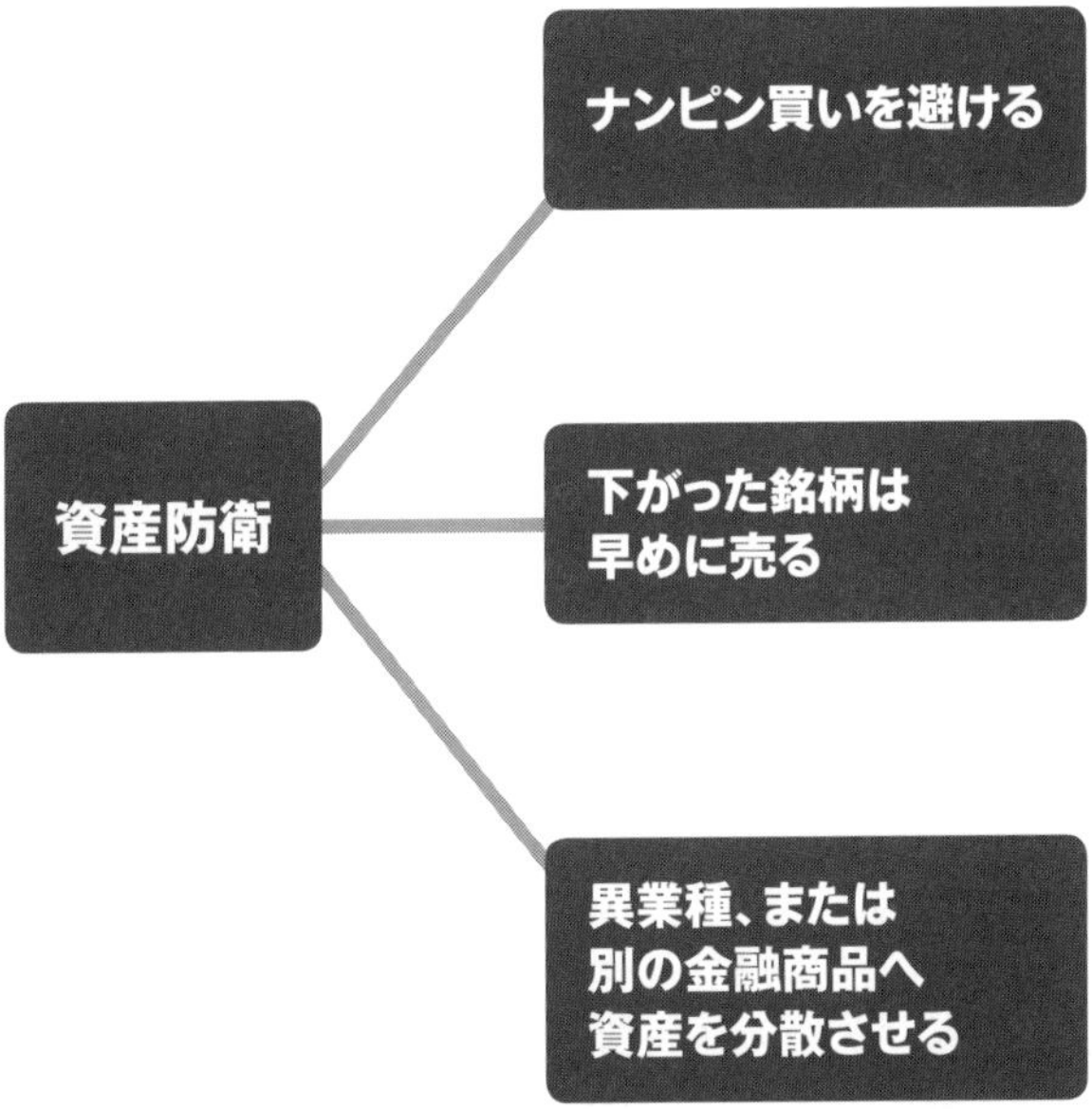

時間軸が短くなる程、ファンダメンタルズ分析の重要度は低下し、需給、テクニカル分析の重要度は高くなります。ザラ場では株価分析を最優先して、値幅を抜く為のトレードに集中し、引け後にファンダメンタルズ分析を行いましょう。

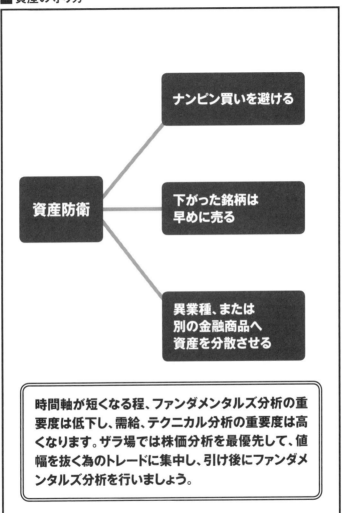

大切なのは退場しないこと

株式投資を始めて、長年の月日が経ちましたが、こんなに楽しいと思うようなことはありません。正直なところ、始めてからしばらくの間は大損を記録したこともあるのですが、こんなに刺激的なことはないな、と思っています。楽しい上にお金も稼げるとあれば、この上ない喜びであると私は感じています。

ここ最近では、有名投資家の方とお会いする機会も増えてきました。得意分野や考え方、持ち味というのは人それぞれですから、人との出会いはいつも勉強になることばかりです。これも、株式投資の世界にいなければ、味わえなかったことのひとつだと思います。

特に今後、日本市場は2020年の東京五輪に向けて、近年稀に見る大相場が訪れるのではないかと私は予想しています。実際にそうした相場が訪れれば、大相場となる銘柄が今よりも一気に増えると思います。企業への資金の入り方を重点的にチェックして、波に乗れるようにしたほうがよいでしょう。

企業に流入する資産は、主に貸借対照表（バランスシート）から確認することができますが、あまりにも銀行からの借り入れが多いだとかの理由で負債額が大きい企業は、その負債をカバーできるだけの会社でなければ、買うメリットが薄いでしょう。

私と同じような手法で株式投資をされる場合、チャートを基準に定められた条件によってトレードしているので、面白みがあるのかどうかと問われると、なかなか難しい部分があると思います。その分、堅実な手法であるともいえますが、重要なのは決められた通りに動けるかどうかです。

あらかじめ決めておいた損切り点を超えてもまだ持ち続けてしまう、ということがあってはいけません。そのときはよかったとしても、感情的に動いてしまうと、必ずどこかで手痛い仕返しが来ると思ったほうがよいです。冷静に次の銘柄に移れるか、というところが一番の注意点です。

値動きが大きくなるときは、テクニカル分析を重視する。値動きが小さければ、短期トレードで利益を挙げることは難しくなりますから、その分、時間軸を伸ばして、ファンダメンタルズ分析を中心に取引する。そのような柔軟な動きを心がけることで、利益を挙げられる可能性も高くなっていくのではないでしょうか。

N氏（Nobu）さんの運用のポイント

POINT 1

「需給」を確認しよう

業績や材料の分析も必要ですが、外れることも多いです。それに対して、「需給」は必ず株価に反映されます。

POINT 2

「ヒゲ」「出来高」に注目しよう

ヒゲと出来高は必ず株価に反映されます。株価がどう動くにしても、必ず注目しておくべき指標です。

POINT 3

決断は早めに

投資とトレードは別ものです。とにかく利益を挙げたいなら、早めの判断をしましょう。上がらないときは、どう転んでも上がらないのです。

■おわりに

最後までお読みいただき、まことにありがとうございました。

本書中に登場する投資家の方々も失敗を乗り越え、試行錯誤を重ねた末に現在の手法を編み出したことがお分かりいただけたでしょうか。

どれだけ多くの資産を持っていたとしても、その人もあなたと同じ人間であることに変わりはありません。成功の秘訣は、常に努力を怠らないことです。本書の中で、多くの投資家が、退場しないようにすることが最も大事である、ということを強調していました。

株式投資の世界は知識と経験が生きる勝負の世界です。たしかに、彼らがいうように早々に退場してしまったのでは、元も子もありません。多くの方が、株で大金を稼ぐことを目標にしているはずです。そのためには多少の回り道も必要、というのが成功者たちからのメッセージなのです。

最後になりましたが、本書の執筆にあたり取材を快く引き受けていただいた投資家の皆様、大変ありがとうございました。

読者の皆様におかれましても、本書で得た教訓を武器に、これからの投資の世界での成功をお祈りしております。

俺《おれ》の株式投資術《かぶしきとうしじゅつ》

2018年８月22日　初版発行

著者／坂本彰《さかもとあきら》・投資《とうし》カービィ・坂本慎太郎《さかもとしんたろう》（B《びー》コミ）・さっかく・ｗｗｗ９９４５《だぶりゅーだぶりゅーだぶりゅーきゅうきゅうよんご》・
v-com2《ぶいこむつー》・たぱぞう・ゆず・AKI《あき》・すぽ・むらやん・N氏《えぬし》（Nobu《のぶ》）

発行者／川金　正法

発行／株式会社KADOKAWA
〒102-8177　東京都千代田区富士見2-13-3
電話　0570-002-301（ナビダイヤル）

印刷所／株式会社暁印刷

製本所／本間製本株式会社

KADOKAWAカスタマーサポート
［電話］0570-002-301（土日祝日を除く11時～17時）
［WEB］https://www.kadokawa.co.jp/（「お問い合わせ」へお進みください）
※製造不良品につきましては上記窓口にて承ります。
※記述・収録内容を超えるご質問にはお答えできない場合があります。
※サポートは日本国内に限らせていただきます。

定価はカバーに表示してあります。

ISBN 978-4-04-602445-9 C0033